사신을 따라 청나라에 가다

사신을 따라 청나라에 가다

-조선인들의 북경 체험-

손성욱

푸른역사

책머리에

이 이야기는 중국에서 만난 사람들로부터 시작됐다. 중국인인 장모님은 북경에 있는 한국문화원에서 한국 요리를 배운 적이 있다. 내가 결혼 후 처가에서 살았으니, 중국 음식만 먹는 모습이 안쓰러우셨던 것 같다. 다만 요리보다는 같은 반 사람들과 친해졌고, 특히 요리를 가르치는 선생님과 가까이 지내셨다. 그 인연이 나에게까지 닿았다. 요리 선생님은 북경의 한 교민 잡지에 요리에 관한 글을 쓰고 있었는데, 내 공부 얘길 듣고서 글을 써 볼 것을 권했다. 그리하여 4년 동안 매달 글을 썼다. 그렇게 오래 쓸지 몰랐지만, 시작은 단순했다. 내 공부를 정리하며 주변 사람들과 나누고 싶었다.

그때 나는 조선 사신이 청나라에 다녀온 여정을 기록한 연행록을 한창 읽고 있었다. 19세기 중국적 세계질서의 동요와 변화에 관심이 있었기에, 청나라와 가장 밀접한 관계를 맺고 있던 주변국인 조선의 기록에서 그러한 흔적을 발견할 수 있으리라 기대했다. 우선 잘 알려진 김창업의 《노가재연행일기》, 홍대용의 《을병연행록》, 박지원의 《열하일기》를 읽었다. 이런 얘기가 왜 영화나 드라마로 만들어지지 않나 의문이 들 정도로 흥미진진했다. 재미와 함께 사행使行과 연행록에 대해서 감도 잡았다. 이제 격변의 시기에 쓰인 19세기 연행록으로 진격하면 됐다.

19세기 연행록만 해도 100종이 넘는다. 이들 이야기도 3대 연행록만큼 재미있으리라 생각했지만 착각이었다. 한 편 한 편 읽어 나가는 것이 곤혹스러웠다. 내용이 비슷비슷해 읽을수록 모래알을 씹는 기분이었다. 조선시대는 중국에 관한 정보를 쉽게 얻을 수 있던 시대가 아니었다. 오직 그곳을 다녀온 이들의 이야기를 통해서만 알 수 있었다. 연행록은 재미있는 외국 여행기이자, 조선 사신들이 사행을 준비하며 읽는 가이드북이었다. 그런데 이전의 연행록을 통해 사행을 준비하면, 비슷한 경험을 할 수밖에 없었다.

하지만 비슷한 여정이라도 모든 경험이 똑같을 수 있는가. 어떤 이는 흔한 일을 별일처럼 쓰기도 하고, 감추고 싶은 이야기를 과감히 드러내기도 한다. 지겨워 더는 못 읽겠다 싶을 때, 그런 얘기가 툭툭 나왔다. 1862년 청나라에 사행을 갔던 이항억은 《연행일기》에 한국 최초의 사진 촬영 기록을 남겼다. 유리판에 사람을 옮기는, 조선인이 이해하기 힘든 마법 같은 경험이었다. 이제 북경에서 사진 찍는 것이 새로운 유행이 됐을 것 같다는 촉이 왔다. 1871년까지 사행 기록 20여 종을 읽으며 관련 기록을 찾았다. 하지만 사진을 찍었다는 이야기는 어디에도 나오지 않았다. 체념하려는 순간 1872년 청나라에 다녀온 이면구의 《수사일록》에서 사진 이야기를 발견했다. 유레카!

나는 이런 발견의 즐거움을 나누고 싶었다. 잘 알려지지 않은 사람

사신을 따라 청나라에 가다

들의 이야기를 발굴해, 솔깃해서, 계속해서 읽다 보면 상상하게 되고, 곱씹으며 혜안을 얻을 수 있는 이야기를 들려주고 싶었다. 청나라에 다녀왔던 평범한 사람들의 연행록 곳곳에 그런 이야기가 숨어 있다. 흥이 나 글을 썼고, 더 열심히 읽었다.

몇 년이 흘렀다. 글은 북경이 아닌 상해에서 새로운 독자를 만났다. 2018년 겨울, 상해 복단대에 방문학자로 있던 단국대 심재훈 선생님이 자신처럼 중국에 왔던 조선 사신의 이야기를 한글로 가볍게 읽을 만한 것이 있는지 물었다. 25편을 추려 보내드렸다. 거친 글을 재밌게 읽은 심 선생님은 푸른역사 박혜숙 대표님을 소개해 주셨고, 책으로 엮어 보자는 이야기에 이르렀다.

공부가 쌓이며 고치고 보충해야 할 내용이 적지 않았다. 그때는 맞고 지금은 틀린 판단도 있었다. 지난 10년 적지 않은 연행록이 번역됐고, 관련 연구도 많이 나와 확인해야 할 내용도 많았다. 많이 지우고 새로 썼다. 그동안 논문에서만 다뤘던 내용도 재구성해 쉽게 풀어 냈다. 조만간 글을 정리하겠다는 것이 올해 초 중국 생활을 완전히 정리하고 한국에 돌아와서야 마무리되었다.

이 책은 크게 네 부분으로 구성되어 있다. 1, 2부는 조선 사신의 개인적 경험을 중심으로 전개된다. 1부 〈유람하다〉에서는 조선 사신의 북경에 관한 인식과 다양한 유람 체험을 다뤘다. 그들의 유람을 통해 청나라의 흥망성쇠를 엿볼 수 있다. 어떤 유람 경험은 귀국 후 자랑거리가 됐고, 어떤 경험은 흥미로웠지만 숨겨야 할 경험이 되었다. 황제의 코끼리를 보고 조선에 없는 진귀한 동물이라 호들갑을 떨 수 있었지만, 19세기 후반 사진 촬영은 마법 같은 체험이었으나 서양인과 접촉이 금지되어 있으니 함부로 입을 놀릴 수 없었다. 2부 〈교유하다〉는 북경에서 이루어진 조선 문인과 청나라 문인의 교유에 대해 다루었다. 시를 짓고, 술잔을 기울이며 우정을 나눈 이야기를 썼다. 물론 마냥 즐거운 이야기만 있는 것은 아니다. 19세기 중반이 되면 서양 세력이 점점 다가오며 청과 조선에 위협을 가했다. 오경석과 박규수의 교유에는 그런 변혁기의 모습이 그대로 드러나 있다.

3부 〈교섭하다〉는 사신의 공적 임무를 다루는데, '교섭' 막후의 모습을 생생하게 드러냈다. 명분이 약한 책봉을 받아 내기 위해 고생했던 사신들, 서세동점의 시대에 천진에 새롭게 만들어진 외교 공관, 청일전쟁으로 고생했던 마지막 사신단의 이야기를 다루었다. 이들은 임무를 달성하기 위해 엎드려 통곡하기도 했고, 귀국 후 정치 논리에 의해 위리안치당하거나 죽음을 맞기도 했다.

마지막 4부는 에필로그와 같다. 조선 사절단의 이야기와는 관계가 없지만, 그 이후의 모습을 짧게나마 보여 주고자 했다. 1895년 청일전쟁의 결과로 조선은 완전한 독립국이 되었다. 이후 조선이 어떻게 청나라와 대등한 외교 관계를 맺고, 북경에 공사관을 세우고 공사를 파견했는지 살펴보았다. 20세기 전반 주요섭의 중국 생활을 통해서는 한일병탄 이후의 재중 한국인의 삶을 엿봤다.

4부에 이르기까지 전근대와 근대의 이야기를 넘나든다. 음력을 쓰던 시절도 있었고, 양력을 쓰던 시절도, 혼용되던 과도기도 있었다. 당시 시대의 느낌을 그대로 전하기 위해, 이야기에 따라 음력을 쓰기도 하고 양력을 쓰기도 했다. 음력은 한글로 표기하고 양력은 아라비아 숫자로 표기했다.

이 책은 통찰력 있는 몇몇 이들만의 유람 이야기가 아니다. 어떤 사행은 평범했고, 어떤 사행은 특별했다. 나는 사신을 따라 청나라로 가

사신을 따라 청나라에 가다

며 사행의 여러 이야기를 들려주고 싶었다. 사람들에게 북학파의 이야기가 전부인 것처럼 보이는 조선 사신의 경험이 다양하게 읽혔으면 한다. 가장 큰 바람은 이 책을 읽는 분들이 재미있게 읽었으면 하는 것이다. 이로 인해 흥미가 생긴다면 잘 알려진 연행록 이외에 다른 연행록을 읽어 보았으면 좋겠다. 그곳에는 여기저기서 모아 놓은 이야기가 아닌 한 개인의 여정이 담겨 있다. 넓게 읽는 재미와 다른 깊게 읽는 재미가 있다. 내가 연행록에 관심을 가진 10년 동안 시중에 많은 연행록이 번역되어 나왔다. 이 책을 통해 더 많은 이야기와 인연이 맺어지길 기대한다.

2020. 12. 손성욱

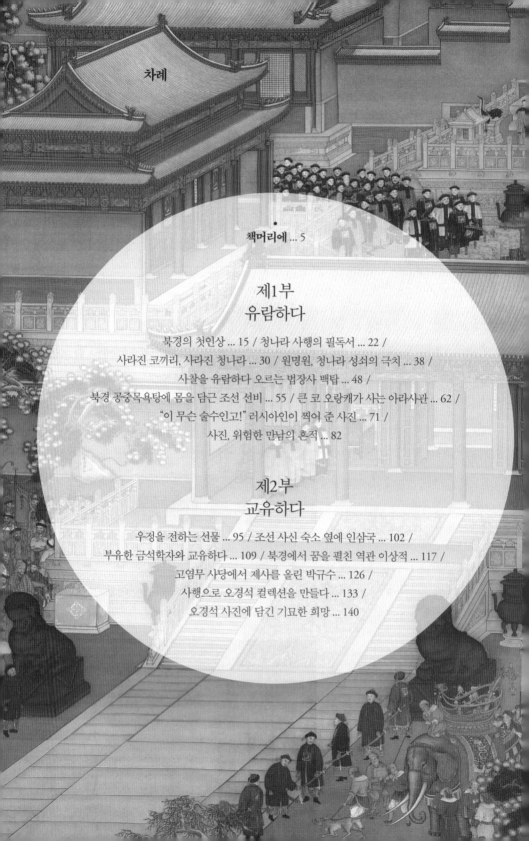

차례

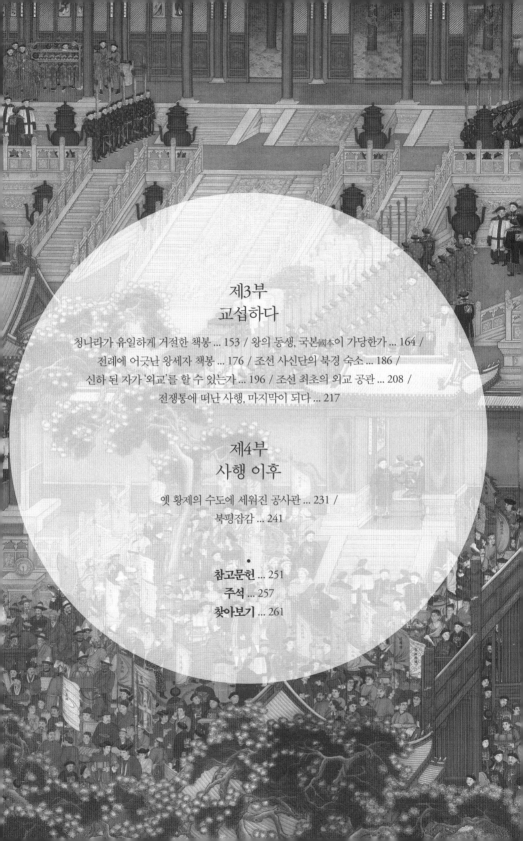

1

유
람
하
다

북경의 첫인상

북경의 첫인상은 매캐한 냄새다. 수도의 국제공항에 내리는 순간 한국과 확연히 다른 공기를 느낄 수 있다. 코를 자극하는 냄새는 겨울이 되면 더 심해진다. 석탄으로 난방을 하기 때문이다. 석탄 냄새가 오늘날만의 문제는 아니었다. 원나라 때부터 북경 주변에 탄광이 개발되었다. 청나라 때에 이르러 석탄이 나무를 대체해 주요 연료가 되었다. 계속 달려도 오르막길이 없는 도시가 바로 북경이다. 황실이 조성한 정원을 빼면 나무가 별로 없다. 반면 북경 외곽의 서산에는 채굴이 쉬운 석탄이 넘쳐났다. 청나라 때 60~80만이 살던 북경에서 싸고 화력이 좋은 석탄이 주요 연료가 된 것은 너무나도 당연했다. 매캐한 냄새가 북경의 일상이 되었다.

... 석탄 냄새 괴로워라

조선 사신은 이런 냄새에 바로 반응했다. 조선은 주 연료로 나무를 쓰니 석탄 냄새는 생소할 수밖에 없었다. 1850년(철종 원년) 사행으로 북경에 간 권시형權時亨은 그 냄새가 구역질나게 만들며, 굴뚝으로 나온 연기로 북경은 온통 흙빛이라고 했다.[1] 상점들이 석탄을 거리 곳곳에 쌓아 두고 쓰니 흙빛은 더욱 강렬했을 것이다. 코로 넘어와 위를 자극하는 냄새가 거리에만 있는 것이 아니었다. 겨울이 되면 난방을 위해 석탄을 써 그 냄새가 집안 깊숙이 스며들었다. 조선 사신단이 머무는 회동관會同館도 마찬가지였다. 1720년(숙종 46) 청나라로 사행을 떠났던 이의현李宜顯은 당시의 고통을 이렇게 토로했다.

> 석탄은 그 연기가 대단히 독해서 연기를 쐬면 머리가 아프다. 내가 숙소에 머문 며칠 동안 두통으로 몹시 괴로웠는데 그 까닭을 몰랐다. 시험 삼아 석탄을 때지 않으니 아프지 않았다. 그 독이 얼마나 심한지 알 수 있다. 하지만 북경 사람들은 오랫동안 때어도 괴로워하지 않으니, 어려서부터 습관이 되어 그런 것이다.[2]

매캐한 석탄 냄새에 길들어졌다 하여 독이 사라지는 것은 아니다. 가스 중독으로 죽는 이들도 종종 있었다. 하지만 석탄은 북경에서 필수품이었다. 차를 끓일 때도 쓰고 음식을 만들 때도 썼다. 석탄 냄새는 항상 코끝을 맴돌았다.

그런데 수백 종의 연행록 중 이의현처럼 석탄으로 인한 메스꺼움이나 두통을 호소한 경우는 많지 않았다. 조선에서 경험하지 못한 냄새

사신을 따라 청나라에 가다

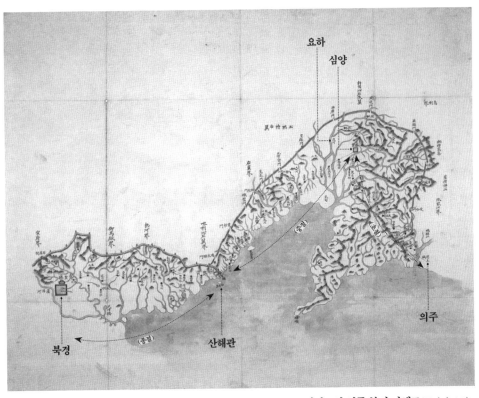

여지도의 의주 북경 사행로(규장각 소장)

1777년 청나라에 다녀온 이갑은 의주에서 북경에 이르는 사행로를 초절初節, 중절中節, 종절終節 3구
간으로 나눴다. 초절은 의주에서 심양에 이르는 길로 산지와 구릉이 펼쳐졌다. 지형이 험준해 여정
중 가장 힘든 구간이었다. 중절은 심양에서 산해관으로 이르는 구간으로 요하遼河 하류와 평원지대
였다. 봄이면 거센 황사가 불었고, 여름이면 요하 하류가 범람해 사신단을 괴롭혔다. 종절은 산해관
에서 북경에 이르는 길이다. 길도 잘 정비되어 있었고, 번화한 풍경이 이어졌다.

로 불편을 느꼈을 법한 데 말이다. 그것은 사신들도 석탄 냄새에 적응되었기 때문이다. 북경만 석탄을 연료로 사용한 것은 아니었다. 심양瀋陽에서 북경에 이르는 지역에서 취사와 난방을 위해 석탄을 많이 썼다. 연행록을 보면 낙타로 석탄을 수송하는 기록이 많이 보인다. 조선사신은 심양에서 북경으로 향하며 석탄 냄새에 알게 모르게 적응이되었다. 최종 목적지인 북경을 향해 계속 움직이기 때문에 북경에서처럼 장시간 석탄 냄새를 맡을 일은 없었지만, 촌락을 거칠 때마다 냄새에 노출됐다. 북경에 가까워질수록 노출 정도가 증가했다. 산해관을지나면 그 변화가 명확히 드러났다. 조선 사신이 냄새를 접하게 되는횟수가 증가하였으며, 냄새의 농도도 진해졌다. 마치 우리의 수도권처럼 북경에 가까워질수록 사람이 많이 살고 번화해 석탄 소비가 훨씬많았기 때문이다. 이의현처럼 민감한 이들이 아니라면, 그 냄새에 서서히 적응되어 갔을 것이다.

사람의 감각은 예민한 만큼 적응도 빠르다. 심양을 떠나 북경으로가는 길에 석탄 냄새에 익숙해지듯 말이다. 하지만 마음속에 강하게자리 잡은 누린내는 쉽게 사라지지 않는 듯하다. 조선은 나라를 세우면서 명나라의 질서에 자발적으로 들어갔다. 현실적인 문제에 마찰이없었던 것은 아니지만, 명나라가 추구하는 가치에 동조했다. 임진왜란때는 명이 원병을 보내 줘 조선을 지킬 수 있었다. 명이 자국의 이익을 위해 출병했으나, 참전하지 않았더라면 국왕이 의주까지 밀려난 상황에서 멸망할 수밖에 없었을 것이다. 조선에 명은 중화질서의 중심이자, 나라를 있게 해 준 '재조지은再造之恩'의 국가였다. 그런 나라의 수도 북경은 문명의 중심이었다. 1574년(선조 7) 명나라에 다녀온 허봉許篈은 북경에 들어서자 궁궐과 성곽의 장엄함에 놀랐고, 사방의 사람과 천하의 온갖 물건이 모이는 것에 놀랐다. 물론 그곳에도 부정부패가 만연했고, 조선인의 눈에는 이단으로 보이는 양명학이 자리 잡아 가고 있었다. 하지만 그곳은 조선이 지향하는 가치의 정점에 있는 곳이었으며, 천하의 주인인 천자가 사는 황도皇都였다. 그렇기에 현실과 상관없이 유토피아로 묘사되었다. 조선 사신에게 명나라의 황궁은 '하늘의 향'이 가득한 곳이었다. 그런데 오랑캐인 청나라가 명나라를 멸망시켰다. 북경은 천자의 도시에서 추락했다. 하늘의 향은 사라지고 오랑캐의 냄새가 진동했다.

... 천하를 진동하는 누린내가 옅어지다

중화를 숭상하는 조선에게 오랑캐는 더럽고 난폭하며 누린내가 나는 존재였다. 그런 오랑캐가 중화를 멸망시키고 북경에 자리 잡았다. 청나라 사람들은 변발을 했으며, 짧은 고름에 좁은 소매가 있는 옷을 입었다. 중화의 의관을 입는 조선 사람들에게 놀라운 풍경이었다. 만주족이고 한족이고 모두 오랑캐가 되었다. 오랑캐의 수도에서 조선 사신은 견디기 힘들었다. 하루빨리 임무를 마치고 벗어나고 싶었다. 청나라에 사행을 다녀온 적 있는 박세당朴世堂은 1686년(숙종 12) 사행을 떠나는 최석정崔錫鼎에게 전별의 뜻을 전하며, 청나라에서 느꼈던 큰 상실감을 표했다.

선비로서 불행하게 외진 동방에서 태어나 중국의 큰 땅을 보거나 선왕의 옛 자취를 밟아 보지 못하고 그저 서책만 읽고 만 리 중국은 어떨까, 천 년의 자취는 어떨까 상상하여, 이따금 책을 어루만지매 답답하고 울적하여 한밤중에도 마음을 진정하지 못한다면, 어찌 슬프지 않겠는가. 다행히 사행의 일원이 되어 중국을 유람하면서 지난날 보고 싶었으나 보지 못했던 곳을 보고, 지난날 밟고 싶었으나 밟지 못했던 유적을 밟게 되었으니, 숙원을 풀고 소망을 이루어서 다시는 여한이 없게 되었네. 그러나 불행히도 세상은 성쇠가 있기에, 그 유적과 땅을 밟고 그 사람과 풍속을 보니 의관은 오래전에 바뀌어 버렸고 문물은 모두 사라져 버려 구국舊國과 고도古都에서 그저 서글프기만 할 뿐이었으니, 이 또한 족히 슬프지 않겠는가.[3]

이는 박세당만의 상실감이 아니었다. 청나라가 입관하고 18세기 초까지 조선 사신들이 공유하는 감정이었다. 1721년(경종 원년) 초 북경 회동관에 머물던 이의현은 "때때로 마주하는 오랑캐 아이는 개돼지와 같고", 호부에서 "보내온 소반의 과일은 누린내가 나네"라고 할 정도였다.[4] 천진한 아이가 무슨 잘못이며, 과일에서 어찌 누린내가 나겠는가. 하지만 그 냄새는 코를 진동했다. 너무 강렬해 꿈에 나올 정도였다. 1699년(숙종 25) 명나라로 사행을 떠났던 강선姜銑은 명나라 황궁에서 조회에 참석하는 꿈을 꾸었다. 그 황홀함을 "나비가 훨훨 날아 옥루를 향하니, 꿈속에 이 인생 허망함을 문득 잊었네. 용안 곁에서 향안을 우러르고, 대전 삼엄한 곳에 번개 창이 늘어서 있네"라고 묘사했다. 하지만 그것은 꿈일 뿐이었다. 실상은 "이번 사행에서 누린내만 실컷 맛보았으니" 어디 가서 자랑할 일도 못 됐다.[5]

조선인들은 오랑캐의 운은 100년을 못 간다며 청나라가 망하길 기대했다. 하지만 청나라는 쇠할 기미를 보이지 않았다. 점점 강성해졌으며, 중화의 정수를 계승해 자신의 것으로 만들었다. 청은 명을 부정하지 않았다. 명의 수도였던 북경에 수도를 세운 것에서 알 수 있듯, 그들은 명을 계승했다. 명은 천운이 다해 사라진 것이며 청은 그 자리를 대신한 것이다. 그러한 기반 위에 주변을 복속시키고 천하의 질서를 만들어 갔다. 오랑캐가 100년이 지나도 망하지 않고 더욱 흥하니, 분명 천운을 받았기 때문일 것이다.

바로 이때 조선인의 마음에 진동하던 누린내가 옅어지기 시작했다. 18세기가 되면 내부적 문제가 안정되면서 청나라의 조선에 대한 경계가 느슨해졌으며, 조선 사신단의 북경 내 활동에 대한 통제도 누그러졌다. 조선 사신은 오랑캐의 수도를 관찰할 기회가 많아졌고, 100년이 지나도 망하지 않고 성세를 만들어 가는 청나라를 다시 보기 시작했다. 당시 크게 유행하여 지금까지도 많이 읽히는 김창업의 《노가재연행일기老稼齋燕行日記》나 홍대용의 《담헌연기湛軒燕記》, 박지원의 《열하일기熱河日記》는 그런 변화의 기록이다.

청나라 사행의 필독서

사행은 참으로 먼 여정이다. 압록강을 건너 북경까지 대략 한 달 정도 걸렸다. 심양에서 2~3일 머무르는 것을 빼면, 북경까지 쉬지 않고 이동했다. 북경에 도착한 후에 한 달 정도 머물렀다. 사행은 3개월 이상 해외에 머물러야 하는 여정이었다. 출행하기 좋은 봄이나 가을에 떠나는 것도 아니었다. 청에 파견하는 사신은 정기 사행과 특수한 임무를 띤 비정기 사행으로 나뉘는데, 일 년에 한 차례 파견되는 정기 사행은 정월 초하루 북경에서 열리는 조회에 참석해야 했다. 이를 삼절연공사三節年貢使라 부르며, 흔히 동지사冬至使라고 한다. 이들은 보통 음력 시월 하순에서 십일월 초 한양에서 출발해 한겨울 살을 후비는 추위를 견디며 십이월 하순 즈음 북경에 도착했다. 사행길에 숙소도 변변치 않았다. 노숙해야 하는 경우도 적지 않았다. 음력 이월 초 귀국길에는 황사가 엄청났다. 고단한 사행길이다보니 이를 견디지 못하고 황천길로 떠나는 이들도 있었다.

... 베스트셀러가 된 3대 연행록

여정이 고되기만 한가, 오랑캐의 누린내가 진동하니 누가 사행을 떠나고 싶었을까. 물론 양반네 이야기다. 무역으로 적지 않은 돈을 벌 수 있었던 역관과 상인은 달랐다. 돈은 사람을 움직인다. 아쉬운 건 그들의 기록이 없을 뿐이다. 하지만 양반네의 마음도 점차 변하기 시작했다. 사행길이 멀고 고되니 떠나기 전에 주변의 연행록을 구해 읽거나 경험을 물어보는 것이 보통이었다. 귀국 후 국왕에게 보고해야 하는 정사, 부사, 서장관은 더욱 그러했을 것이다. 외교사절이 그 나라의 사정을 전혀 모르고 떠났을 리 만무하다. 이때 가장 많이 읽혔던 '연행록'이 바로 김창업의《노가재연행일기》, 홍대용의《담헌연기》, 박지원의《열하일기》다. 기왕이면 재미있는 책을 찾아 읽는 것이 당연한 이치다. 이 책의 위상에 대해 1832년(순조 32) 청나라로 사행을 떠난 김경선金景善은《연원직지燕轅直指》에서 "연경燕京에 갔던 사람들이 대부분 기행문을 남겼다. 그중 3가家가 가장 저명하니, 그는 곧 노가재 김창업, 담헌 홍대용, 연암 박지원이다"[6]라고 평했다. 이들의 연행록을 조선시대 3대 연행록이라 한다.

3대 연행록은 끊임없이 읽히며 많은 연행록에 인용되었다. '연휘燕彙'라는 이름의 한 세트로 만들어져 유통되기도 했으며, 이들 연행록은 한문본과 한글본이 모두 존재한다. 홍대용은 자신이 직접 한문 연행록인《담헌연기》와 한글 연행록《을병연행록》을 서로 다른 형태로 썼다.《노가재연행일기》와《열하일기》는 모두 한문으로 쓰였으나, 대중들에게 많은 인기를 얻으면서 한글 번역본이 나왔다.

많은 이들이 연행록을 썼으나 3대 연행록이 크게 인기를 끌었던 것

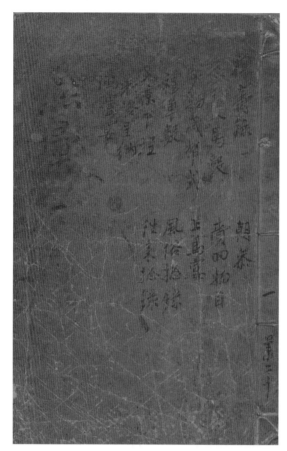

《연휘燕彙》
(일본 동양문고 소장)

'연휘'라는 이름으로 편집된 연행록 선집은 현재까지 5종이 확인되며, 3대 연행록을 모두 수록한《연휘》는 일본 동양문고 소장본이 유일하다. 나머지 4종은 3대 연행록 중 2종 혹은 1종의 연행록으로 구성되어 있다. '연휘'를 글자 그대로 풀자면, 연행록을 모았다는 뜻이니 다른 연행록을 넣어도 이상하지 않다. 하지만 3대 연행록으로만 구성된 것은 김창업, 홍대용, 박지원의 연행록이 당시 연행록을 대표하는 작품으로 인식되었음을 보여 준다.

사신을 따라 청나라에 가다

은 형식적으로 다채롭고 내용이 풍부했기 때문이다. 명대 후기 북경으로 사행을 떠난 이들은 숙소인 회동관 밖을 마음대로 드나들 수 없어 견문이 제한적이었다. 산문을 속된 것으로 여겨 대부분 사행 경험이 시로 쓰였다. 하지만 청나라가 중원의 주인이 되면서 모든 것이 변했다. 청나라 초기, 조선과 청나라의 관계는 경직되어 있었지만 18세기가 되면 양국 관계가 안정되고 조선 사신들 또한 북경에서 활동이 자유로워지기 시작했다. 이를 틈타 조선 사신은 다양한 구경을 할 수 있었고, 자신들의 견문을 산문으로 담아 내기 시작했다. 3대 연행록은 이러한 흐름을 가장 잘 보여 준다.

김창업이 1712~1713년(숙종 38~39) 청나라를 다녀오면서 쓴《노가재연행일기》는 18, 19세기 연행록의 가장 보편적인 형태인 일록日錄의 형식을 지니고 있다. 일록은 일정에 따라 그날 있었던 사건을 기록하는 방식으로 보통 날씨, 이동거리, 여정을 앞에 미리 쓰고 겪은 일을 기록했다. 한마디로 일기를 쓴 것이다. 일기가 뭐 그리 대단할까 하지만,《노가재연행일기》는 이후 산문 연행록의 유행을 만들었다.

홍대용의 한글 연행록인《을병연행록》은 일록 형식으로 되어 있지만, 한문 연행록《담헌연기》는 기사체紀事體라는 독특한 형식으로 구성되어 있다. 김경선의 평에 의하면 "전아하고 치밀한 효과를 주는" 문체로, 일기처럼 시간의 순서에 따르지 않고 특정한 주제에 따라 서술했다.

박지원의《열하일기》는 김창업과 홍대용의 장점이 합쳐져 만들어진 연행록으로, 김경선은 "전기체傳紀體와 같은데 문장이 아름답고 화려하며, 내용이 풍부하고 해박하다"고 평했다. 박지원은 자신의 경험과 정보를 나열하는 것이 아니라 재구성해 하나의 온전한 이야기로 만들었다. 마치 한 인물에 대한 평전이 그 인물 그대로를 보여 주는 것이 아니라, 그의 다양한 이야기를 재구성해서 한 인간에 대해 탐색하듯 말이다. 이는 단순히 자신의 경험을 보여 주기 위함을 넘어 자신의 주장을 드러내기 위한 것이었다.

... 유람의 시대, 지혜의 눈으로 보았는가

3대 연행록의 유행은 조선 사람의 마음속 깊이 박힌 오랑캐의 누린내를 중화시키고, 청나라에 대한 호기심을 자극했다. 청나라를 한 번쯤 구경하고 싶은 곳으로 바꾸어 놓았다. 이제 유람의 시대가 열렸다. 물론 청나라로 사람들이 몰려든 것은 아니다. 청나라는 사행이 아니면, 자유로이 갈 수 있는 곳이 아니었다. 하지만 사행을 다녀온 사람들이 예전보다 많이 보고 기록했다. 청나라에 다녀오면 다들 궁금해 하니 성화에 못 이겨 연행록을 쓴 이도 많았다. 1844~1845년(헌종 10~11) 청나라에 다녀온 윤정尹程은 《서행록西行錄》을 썼다. 그는 책을 쓴 연유에 대해 간단히 언급했는데, "어머님께서 분부하시길, 내가 여러 연행일기를 보았다. 유관遊觀하는 선비가 일을 기록하지 않는 것은 옳지 않으며, 이번 사행에서 견문을 상세히 기록하여 나에게 한번 보여 주거라"[7] 하여 그 뜻을 따랐다고 했다.

청나라를 '유람'하고 싶은 마음은 여러 연행록의 이름에서도 잘 드러난다. 명나라 때는 천조天朝를 방문한다고 하여 '조천록朝天錄'이라 많이 붙였다. 청나라가 중원을 장악한 이후에는 오랑캐가 주인이 되었으니 더는 '조천록'이라 부를 수 없었다. 보통 연경燕京에 다녀오는 기

사신을 따라 청나라에 가다

록이라 하여 '연행록燕行錄'으로 많이 불렀다. 그런데 19세기가 되면 서유진徐有鎭의《종원유연록鍾園遊燕錄》, 이정수李鼎受의《유연록遊燕錄》, 손병주孫秉周의《북유만록北遊漫錄》, 홍석모洪錫謨의《유연고遊燕槁》, 임백연任百淵의《경오유연일록鏡浯遊燕日錄》, 이우준李遇駿의《몽유연행록夢遊燕行錄》, 최병한崔秉翰의《연사종유록燕槎從遊錄》, 성인호成仁鎬의《유연록遊燕錄》, 강위姜瑋의《북유일기北遊日記》, 김선민金善民의《관연록觀燕錄》, 이승오李承五의《관화지觀華誌》 등 제목에 '볼 관觀'이나 '놀 유遊' 자가 들어간 연행록이 많이 나왔다. 사행에 유람 의식이 강하게 투영된 것이다.

이 같은 제목은 19세기 이전 연행록에서는 거의 나타나지 않는다. '놀 유遊' 자가 들어간 연행록은 전혀 보이지 않으며, '볼 관觀' 자가 들어간 작품이 몇 종 있는데, 이첨李詹의《관광록觀光錄》, 신종호申從濩의《관광록觀光錄》, 박승임朴承任의《관광록觀光錄》 등 청나라가 아닌 명나라를 방문했던 기록이다. 여기서 '관觀' 자는 모두 '빛 광光' 자와 함께 쓰였다. 명나라에 간다는 것은 빛을 보러 가는 것, 즉 중화문명의 정수를 보고 배우러 가는 것이다. '관觀'은 단순히 보는 것을 의미하지 않는다. 《설문해자說文解字》는 체시諦視, 즉 '살펴보다'라고 설명했다. 19세기 연행록의 제목에서 이 글자가 등장했다는 것은 청나라가 '광光'에는 미치지 못하더라도, 살펴볼 만한 곳이 되었음을 보여 준다.

유람의 경험을 담은 연행록이 많이 나왔지만, 3대 연행록만큼 유명해진 작품은 없었다. 3대 연행록은 19세기에도 여전히 많이 읽혔고 인용되었다. 하지만 김창업, 홍대용, 박지원의 경험은 18세기의 경험이었다. 재미는 있지만, 19세기 독자들의 눈에 오류들이 점차 보이기 시작했다. 김경선은 3대 연행록을 높이 평가하면서도, "그 연혁의 변화로 기록이 자연히 맞지 않게 되고, 답습을 피하려다보니 그 상세함과 간략함이 간혹 현격하다. 참으로 두루 찾아보고 이리저리 대보며, 서로 참고하여 절충하지 않으면 그 요령을 얻을 수 없다. 보는 사람들은 흔히 이것을 결점으로 여긴다"[8]고 지적했다. 19세기를 사는 사람이 18세기 쓰인 연행록을 봤으니, 틀린 정보가 어찌 없었겠는가. 게다가 청나라 사람 오장원吳長元이 쓴《신원지략宸垣識略》이라는 좋은 가이드북도 나왔다. 지도와 상세한 정보를 담은 이 책은 1788년 처음 출판되어, 1852년, 1876년 새로운 서문을 달고 재판될 정도로 인기가 많았다. 김경선도《연원직지》를 쓰며, 3대 연행록의 잘못된 정보를 수정하는 데 《신원지략》을 많이 이용했다.

19세기의 눈으로 보면 3대 연행록은 문제가 꽤 있지만, 여전히 많은 이들이 애독했다. 요즘같이 교통, 숙박 정보가 중요한 시기가 아니었으니, 굳이 최신 연행록을 섭렵할 필요는 없었다. 재미있고 정보에서 어느 정도 효용성이 있는 연행록을 읽으며 사행을 준비하면 됐다. 어찌 보면 세 사람의 연행록만으로도 족했는지 모르겠다. 다만 예전 사람들이 쓴 연행록을 가이드북 삼아 사행에 참여하다보니 구경하는 곳이 거기서 거기였다. 이는 사행이라는 특수한 상황 속에 이루어진 유람이라는 부분도 있다. 사신은 북경에서 한 달 정도 머무르게 되는데 공무를 처리하면서 구경하기에는 시간이 빠듯했다. 지금도 그렇지만 북경에는 볼 곳이 너무 많다. 유명한 곳을 한 번씩 잠깐 방문하기에도 꽤 많은 시간이 든다.

남의 연행록에 기대어 유람하니, 겉만 보고 속을 보지 못하게 되고, 다루는 내용도 3대 연행록을 벗어나기 힘들었다. 김선신金善臣의 말을 빌리자면, 유람에 있어 '물관物觀'은 많고 '지관智觀'은 드물었다. 그는

사신을 따라 청나라에 가다

형 김선민이 1804~1805년(순조 4~5) 청나라를 다녀오며 쓴 《관연록》에 서문을 쓰면서, 물관과 지관을 다음과 같이 설명했다.

> 천하의 사물은 모두 눈으로 볼 수 있다. 그러나 눈으로 보는 것은 사물로써 사물을 묶어 사물이 간혹 이끄는 터라 이를 일러 '물관物觀'이라 한다. 지혜(智)로써 보는 것은 천하의 사물을 사물로 여기면서도 천하의 사물을 사물로 보지 않는다. 그런 까닭에 능히 사물을 이겨 다함이 없고 사물을 받아들여도 상하지 않으니, 이를 일러 '지관智觀'이라 한다.[9]

3대 연행록이 '지관智觀'을 한 작품이라면, 19세기에는 그런 작품을 찾아보기 힘들다. 선행자들의 경험을 답습한 결과다. 청나라는 18세기 말 정점을 찍고, 내리막길을 걷기 시작했다. 성세에 가려져 있던 문제점이 속속 드러났다. 각지에서 민란이 일어났고, 관료들의 부정부패가 만연했다. 엎친 데 덮친 격으로 전국 각지에서 자연재해가 끊이지 않았다. 조금만 주의를 기울여도 곳곳에서 쇠퇴 징조를 감지할 수 있었다. 청나라 사행에 참여한 이들이 그것을 몰랐을까? 아니, 알았다. 19세기 전반 연행록 곳곳에서 관련 기록을 발견할 수 있다. 하지만 표면적 기록에 머물렀다. 그 징조를 '알지' 못했다. '물관'에 머문 기록이 압도적이었다. 답습의 한계를 드러낸 것이다.

사라진 코끼리,
사라진 청나라

코끼리는 아열대에 사는 동물로 한반도에는 서식하지 않는다. 선사시대까지 올라가면 모르겠지만, 한반도에 코끼리가 서식했다는 기록은 없다. 아니, 딱 한 차례 있었다. 잘 알려진 이야기이기도 한데, 조선 태종 때 일본이 코끼리를 보내 와 어쩔 수 없이 키운 일이다. 희귀한 동물을 선물하는 것은 우호를 드러내는 좋은 방법 중 하나다. 일본은 조선에 없는 코끼리를 보내 정성을 다했는데, 코끼리는 조선에서 키우기엔 버거운 동물이었다. 엄청난 식량을 축내는 데다가, 그 힘을 감당하기도 힘들었다. 일본에서 온 코끼리는 훈련을 받았음에도 두 사람을 다치게 했고, 일 년에 콩 수백 석을 먹어 치웠다. 병조판서 유정현柳廷顯은 이를 문제 삼아, 주공周公이 코뿔소와 코끼리를 몰아낸 이야기를 예로 들어 지방으로 보낼 것을 청했다. 이후 일본에서 온 코끼리는 지방 여러 곳을 떠돌다가 그 행적을 알 수 없게 됐다.

　　　　　　　　　　　　사신을 따라 청나라에 가다

... 황제를 위해 일한
명나라 코끼리

조선이 감당할 수 없었던 코끼리는 3,000년 전 중국에서 인간과 경쟁 관계에 있었다. 아열대 지역에 서식하는 코끼리가 어찌 중국에 있었을까. 3,000년 전만 해도 지구 평균온도는 지금보다 2~3도 정도 높았다. 당시 황하 유역은 아열대성 기후 지역으로 적지 않은 코끼리가 서식했다. 중국에서 출토된 유물 중 코끼리 모양의 청동기도 이를 증명한다. 문제는 코끼리의 이동 범위가 넓고 식량 소비량이 많아, 인간의 생존을 위협했다는 것이다. 주공이 괜히 코끼리를 몰아낸 것이 아니다. 이후 코끼리는 인간의 개발과 기후의 변화로 점차 남하했다. 원나라에 이르면 현재 광서廣西 남부와 운남雲南 남부 지역에만 코끼리가 서식했다. 중국의 주변부로 완전히 밀려난 것이다.

주변부로 밀려난 코끼리가 명대 다시 중원으로 돌아왔다. 한족 중심의 중화질서를 구축하고자 했던 명의 건국자 주원장, 바로 홍무제가 코끼리를 정례적인 의례 행사에 이용했기 때문이다. 코끼리는 조련할 수 있는 동물이다. 서커스에 많이 이용되는 이유 중 하나다. 잘 조련된 코끼리가 앞다리의 무릎을 꿇으면 마치 절하는 것처럼 보인다. 홍무제는 의례 행사에서 황제에게 절 하도록 만들었다. 거대한 코끼리가 황제에게 절을 한다니 얼마나 위엄이 있는가. 물론 새로운 아이디어는 아니었다. 1,200년 전 한나라 때도 있던 얘기다. 하지만 꾸준히 코끼리를 이용한 적은 없었다. 명나라가 처음이었다.

예전의 다른 황제들도 홍무제와 같은 생각을 했는지 알 수 없지만, 시행하기 쉽지 않았을 것이다. 일 년에 콩 수백 석을 먹는 동물을 키우

는 건 만만치 않다. 코끼리 한 마리만 쓰면 괜찮았을지도 모르겠다. 의
례 행사를 보면 홀수로 쓰는 경우는 거의 없다. 쌍을 이루니 최소 두
마리 이상 필요했다. 명나라에 다녀온 조선 사신의 기록들을 보면 보
통 4~6마리가 의례 행사에 쓰였다. 여기에 코끼리가 병이 나면 어떡
할까. 결국 최소 10마리 이상이 필요하다. 한두 푼이 들어가는 일이 아
니다.

코끼리를 안정적으로 조달할 수 있는가도 큰 문제였다. 인간의 개
발로 삼림이 파괴되고 기후가 변하면서 남하한 코끼리는 중국 남부의
변경에나 사는 동물이 되었다. 중국 내에서 포획이 점점 어려워졌다.
명나라 때는 더욱 그랬다. 당시는 소빙하기였고, 광서 남부와 운남 남
부의 일부 지역에서만 코끼리를 볼 수 있었다. 홍무제는 코끼리의 포
획과 훈련을 위해 광서 남부의 횡주橫州에 순상위馴象衛를 설치했다.
횡주는 오늘날 횡현橫縣으로 미안마와의 국경에서 200~300킬로미터
밖에 떨어져 있지 않다. 명나라 황실은 제국의 변경에서 코끼리를 조
달하기 위해 노력했지만, 순상위에서 포획한 수는 많지 않았다. 게다
가 영락제가 등극하면서 수도를 남경에서 북경으로 옮기게 된다. 명나
라의 순상위에서 수도까지 수송거리도 멀어졌다. 코끼리의 안정적인
공급을 위해서는 주변국의 조공이 필요했다. 동남아의 베트남, 타이,
미안마 등 조공국과 운남 남부의 토사土司들이 코끼리를 조공했다.

조공품이 의례 행사에 쓰인다는 것은 명나라 중심의 세계질서를 보
여 준다. 명나라는 정치적으로나 경제적으로 그런 힘이 있던 나라였
다. 조선 사신들은 코끼리로부터 황제의 위엄과 중화질서의 힘을 느꼈
을까. 기이하게 느꼈지만, 별다른 감흥은 없었던 것 같다. 황제에게 인
사를 올리는 조회에 참석하여 코끼리 몇 마리를 봤다는 기록이 대부

분이다. 조선에서 볼 수 없고 책에서만 접했던 동물을 처음 봤으면, 신기하고 놀라워 관심이 갔을 만한데 자세한 기록이 없으니 이상하다. 이는 조선 사신들이 엄숙한 조회의 현장에서 스치듯 코끼리를 봐서 그랬을까. 16세기 초 명나라는 부정부패가 만연했다. 국력에서 청나라에 앞선 명나라가 망한 것이 당연해 보일 정도로 말이다. 하지만 의례만은 엄격했다. 조선 사신의 기록에서 조회 참석을 위해 예를 배우거나 조회의 의례가 느슨했다는 모습은 전혀 볼 수 없다. 엄숙한 분위기 속에서 코끼리를 제대로 살펴볼 여유가 없었을 것이다.

... 제국의 황혼 속으로 사라지다

명나라의 코끼리를 마지막 본 조선 사신단은 1636년(인조 14)에 파견된 삼절연공사였다. 서장관 이만영李晚榮을 수행해 명나라에 갔던 김육金堉은 《조경일록朝京日錄》에서 조회에 참석한 코끼리 6마리를 보았다고 했다.[10] 청나라 군대가 북경을 점령하기 불과 8년 전 일이었다. 나라가 망해 가고 있음에도 적지 않은 코끼리를 키우고 있었다는 사실이 놀랍다. 그것이 허식일지라도 의례를 중시했기에 가능했던 일이었다.

명나라를 멸망시킨 청나라는 명의 제도를 계승해 코끼리를 조회에 이용했다. 병자호란으로 청나라와 조공-책봉 관계를 맺은 조선은 청 입관入關 이후 북경에 매년 사신을 보냈고, 조선 사신은 명나라 때와 마찬가지로 의례 행사에 참석하는 코끼리를 볼 수 있었다. 달라진 점

〈만국래조도〉 일부
(북경 고궁박물원 소장)

〈만국래조도萬國來朝圖〉는 청의 번부, 조공국 사신과 외국 사절이 청 황제에게 조하朝賀를 드리러 온
장면을 묘사했다. 건륭제가 1759년 회부回部를 평정한 후, 제작되기 시작되어 현재 여러 작품이 남아
있다. 〈만국래조도〉의 장면은 현실적으로 실현 불가능하며, 실제 의례에 맞지 않는 모습으로 건륭제
가 이룬 '천하'를 상징적으로 보여 준다. 조공품은 황제에게 조하를 드리기 전 예부에 미리 올리는데
도, 이 그림에서는 미얀마 사절이 직접 코끼리를 타고 조하를 기다리고 있다. 게다가 조공 사절의 행
렬 가장 앞에는 조선 사절이 있어야 하는데, 그림에서 코끼리를 부각시키기 위해 미얀마 사신을 코
끼리와 함께 맨 앞에 배치하고, 그 뒤에 조선 사신을 배치하였다.

사신을 따라 청나라에 가다

이 있다면, 18세기부터 기록이 자세해지기 시작했고, 18세기 말이 되면 코끼리는 사행에서 꼭 봐야 할 구경거리가 되었다는 것이다.

청과 조선의 관계가 점차 안정되면서, 청나라의 조선 사신 일원에 대한 관리가 느슨해졌다. 사신단 사람들은 보다 자유롭게 북경을 구경할 수 있었고, 그들의 발길이 코끼리를 관리하는 상방象房까지 이르게 됐다. 상방에서는 돈을 받고 구경을 허하거나 묘기를 보여 주기도 했다. 심지어 1796년(정조 20)에는 군기처 관원의 인솔 아래 조선, 안남安南, 섬라暹羅, 곽이객廓爾喀 사신이 상방에서 코끼리 묘기를 구경했다.

19세기 전반 연행록을 보면 조선 사신이 상방을 찾아가 코끼리를 구경한 기록이 많으나, 19세기 중반에 이르러선 거의 보이지 않는다. 상방이 예전 같지 않았기 때문이다. 청나라는 주로 베트남, 타이, 미얀마, 라오스 등에서 오는 조공품을 통해 코끼리를 충당했었다. 그런데 19세기 중반 태평천국의 난으로 인해 조공길이 막혔다. 1853년 이후 코끼리를 바치던 조공국은 북경에 오지 못했다. 상방에서는 적어도 10마리 이상 코끼리를 키웠는데, 1855년에는 그 수가 6마리로 줄었다. 청나라 황실은 운남雲南 지역에 명을 내려 코끼리를 직접 사려고 했다. 의례 행사에 코끼리가 필요한 만큼 일정 숫자를 유지할 필요가 있었기 때문이다. 하지만 그마저도 쉽지 않았다. 건륭 말기인 1793년에는 코끼리의 수가 39마리에 달해 잠시 북경으로의 조공을 중지시켰던 것과는 대조적이다.

제2차 아편전쟁(1857) 이후 청나라는 서양 열강의 도움으로 태평천국의 난 진압에 성공한다. 남방의 조공길이 다시 열렸다. 하지만 베트남, 타이, 미얀마 등은 서구 열강의 위협을 받아 제대로 된 조공을 할 수 없었다. 청나라가 마지막으로 코끼리를 조공받은 것은 광서제가 황제로 등극한 1875년 미얀마로부터 이루어졌다. 1887년(고종 24) 진하進賀 겸 사은사謝恩使의 정사로 북경에 도착한 이승오李承五는 상방을 찾아 이들 코끼리를 보았다. 그는 자신의 연행록인 《관화지觀華志》에 을해년, 즉 광서 원년에 미얀마가 7마리의 코끼리를 진공하였는데, 3마리는 죽고 4마리만 남았다고 기록했다.[11] 이 기록은 정확하지 않다. 당시 미얀마가 조공한 코끼리는 5마리였다. 상방에는 1870년 베트남이 조공한 3마리가 있었다. 이 중 4마리가 죽고 4마리만 남은 상태였다.

이승오의 기록이 정확한가는 중요하지 않다. 코끼리들이 일찍 죽었다는 사실이 중요하다. 1870년 베트남과 1875년 미얀마가 조공한 코끼리 8마리가 1887년에 이르러 4마리만 남았다. 20여 년 사이 절반이 죽었다. 아시아 코끼리의 수명이 70년 정도라는 것을 고려하면 너무 일찍 죽었다. 제대로 관리를 받지 못했기 때문이다. 청나라도 일 년에 콩 수백 석을 먹는 코끼리를 감당하기 어려웠다. 태평천국의 난과 제2차 아편전쟁을 겪으며 청나라 황실은 적지 않은 재정 압박을 받았으며, 의례용 코끼리 유지에도 영향을 끼쳤다.

얼마 안 지나 그마저도 필요가 없어졌다. 청나라 문인 진균震鈞이 쓴 《천지우문天咫偶聞》(1903)에 따르면, 1884년 봄 코끼리 한 마리가 서장안문西長安門으로 도망쳐 사람을 해치고 궁벽을 부순 일이 있어 더는 코끼리를 의례 행사에 쓰지 않았으며, 이후 관리를 받지 못하고 한 마리씩 죽어 북경에서 코끼리가 사라졌다.[12] 이 책은 북경의 고사를 모아 엮은 책이어서 사료로 쓰기에는 신빙성에 문제가 조금 있지만, 진균은 1857년생으로 북경 토박이였다. 그는 권세 있는 만주족 집안 출신이었고, 그 가문은 청나라가 명나라 황실을 북경에서 몰아낸 이래 대대로 북경에서 살았다. 1884년 코끼리 탈출 사건이 벌어졌을 때 그

사신을 따라 청나라에 가다

는 20대였다. 사건이 과장되어 전해졌을 수는 있지만, 그가 들은 사건의 전말이 실제와 크게 다르지 않았을 것이다. 19세기 말 코끼리가 의례에 참석하지 않았으며, 20세기 초 북경에 코끼리가 없었던 것도 사실이다. 1895년(고종 32)까지 조선은 청나라에 사신을 파견했는데 코끼리를 봤다는 이야기도 없다.

1880년대 말 청나라는 내우외환으로 의례활동을 위해 코끼리를 유지하기가 어려웠다. 이자성의 난 때도, 청나라가 북경을 점령할 때도 북경에 코끼리는 있었다. 여전히 유용한 존재로 쓰였다. 황제의 위엄을 높여 주고, 태평성대를 가장했다. 주변국의 조공으로 그것을 유지할 수 있었다. 청나라는 이민족에 의한 나라지만, 명나라의 많은 제도와 질서를 계승했다. 조선, 베트남, 미얀마 등과는 명나라 때와 같은 방식으로 관계를 맺었다. 왕조가 바뀌었지만, 중원을 지배한 왕조가 여전히 동아시아를 주름잡던 시대였다. 19세기 중반 들어 상황이 바뀐다. 서양이 중국의 주변을 하나하나 무너뜨렸다. 코끼리의 북경행이 점차 줄어들더니 결국 끊기고 만다. 심지어 청나라는 코끼리의 쓸모를 폐기한다. 이런 모습은 오랫동안 동아시아를 주도한 중화질서가 와해되고 있음을 그대로 보여 준다.

원명원,
청나라 성쇠의 극치

명나라의 변방에서 흥기한 청나라는 중원을 정복하고 천하를 통일했다. 거기에 만족하지 않고 주변의 여러 민족을 정복해 가며 제국을 건설했다. 중국 역사상 최대의 판도를 확립했다. 다양한 구성원이 공존하는 제국을 통치하려면 거기에 맞는 전략이 필요했다. 청나라 황제들은 북경 이외에 심양과 열하 등 또 다른 중심을 만들고, 자주 순행에 나섰다. 강희제와 건륭제는 정치적 위험과 막대한 비용을 무릅쓰고 12차례 넘게 남방에 다녀왔다. 그들은 자신들의 모습을 자주 드러냄으로써 제국의 구성원들에게 황제의 권위를 각인시켰다.

사신을 따라 청나라에 가다

...풍문으로 황제의 출궁을 평하다

황제의 출궁이 북경 밖으로만 이루어진 것은 아니다. 청나라 황제들은 자금성 밖으로 나가는 것을 좋아했다. 중원을 지배하기 전 수렵이 생존이자 유희였던 만주족다운 기질이다. 강희제는 북경성 밖 외곽에 창춘원暢春園을 만들어 많은 시간을 그곳에서 보내며 정무를 보았다. 옹정제 시기 만들어진 원명원圓明園 역시 옹정제와 건륭제의 휴식 공간이자 정무 공간이었다. 청나라 황제는 잦은 행차를 통해 자신의 모습을 외부로 드러냈다. 18세기 초 이전만 하더라도 황제가 이동할 때는 모든 상점의 문을 닫게 하고, 길가에 천막을 쳐 황제의 행차를 보지 못하도록 했다. 하지만 1714년 이후부터는 그 모습을 드러냈다. 천막을 거둬 내고 사람들이 황제를 볼 수 있도록 했다. 황제가 자신의 모습을 백성들에게 보여도 문제가 없다는 자신감의 표출로 권위를 드러내는 작업이었다.

북경 사람들이 황제의 행차를 어떻게 봤는지는 알 수 없다. 황제의 모습을 기록하는 것은 불경죄에 해당한다. 발각되기라도 하면 사달이 날 수 있으니 감히 기록하지 못했을 것이다. 하지만 조선 사람들은 달랐다. 언제 또 황제를 볼 수 있겠는가. 평생 한 번 있을까 말까 한 경험이니 적지 않은 기록을 남겼다. 다만 그리 좋게 보지는 않았다. 1714년(숙종 40) 삼월, 삼절연공사 정사로 청나라에 다녀온 조태채趙泰采는 숙종에게 복명하는 자리에서, "황음荒淫이 날로 심해져서 사월이면 문득 창춘원에 갔다가 다시 해변으로 갔습니다. 그가 하는 바를 보건대 오랫동안 보전하기는 어려울 듯하지만, 그 형세를 볼 때 아직 위험하거나 우려할 만한 사단은 없습니다"[13]고 보고했다. 그는 외유하는 황제의 모습을 매우 부정적으로 보았다. 당시 조선 사신은 청나라 황제가 창춘원에서 정무도 본다는 사실을 모르지 않았다. 하지만 굳이 별궁에 가서 일할 필요가 있는가. 그것은 유희를 탐하는 것으로밖에 보이지 않았다.

이러한 '편견'은 원명원으로 이어졌다. 강희제에게 창춘원이 있었다면, 황위를 이어받은 옹정제에게는 원명원이 있었다. 1726년(영조 2) 사은 겸 진하사로 청나라에 다녀온 조명신趙命臣은 귀국 보고 자리에서 영조에게 골육상잔으로 황제에 오른 옹정제에 대해 "황제가 경성을 버리고, 애첩들과 원명원에 출거하여 황음을 일삼고, 환관과 후궁이 좌우에서 국정을 농단하고 있다"[14]고 보고했다. 이는 사실과 전혀 다르다. 옹정제는 청나라 황제 중 가장 근면했다. 하루에 4시간만 자면서 정무에 몰두했다. 그는 17명의 아이가 있었는데, 셋이 입양한 아이였고, 즉위 전에 낳은 아이가 12명이었다. 재위 기간에 낳은 아이는 2명뿐이었다. 마흔다섯 살의 늦은 나이에 황제에 올랐고, 통치기간이 13년밖에 되지 않았지만, 유희를 즐겼다면 자식 수는 훨씬 많았을 것이다.

정무에 몰두한 옹정제는 사치를 몰랐다. 검약했으며 별궁을 꾸미거나 확장하지도 않았다. 하지만 그의 아들 건륭제는 달랐다. 영토를 확장하고 성세를 구가하던 건륭제는 자신만만했다. 천하를 호령하는 자신감이 원명원에 그대로 투영됐다. 중국 내 각 성을 본따 건물을 만들기도 하고, 건륭 후기에 이르러선 서양식 건물을 짓기도 했다. 건륭제 재위기간 원명원에서는 끊임없이 공사가 이루어졌다.

건륭제가 원명원에 공을 들일 때 조선의 왕은 영조였다. 영조는 검소하고 꼼꼼한 인물로 이궁에 힘을 쏟는 건륭제를 좋게 볼 리 없었다. 영조는 원명원을 진시황의 아방궁에 빗대며 청나라가 망할 징조라고 보왔다. 오랑캐 황제가 하는 일이니 무턱대고 그렇게 본 것은 아니다. 영조의 생각은 청나라를 다녀온 사신의 보고로부터 영향을 받았다. 사신들은 하나같이 원명원을 부정적으로 보았다.

재미있는 사실은 원명원의 화려함 때문에 창춘원이 긍정적으로 보였다는 것이었다. 1766년(영조 42) 사행에 참여해 창춘원 바깥 모습을 보고 온 홍대용은 다음과 같이 평했다.

> 이것이 강희가 머물던 창춘원이었다. 담 둘레가 수 리를 넘지 못하고, 담 안에 높은 집 마루가 보이지 않았는데, 담 제도와 궁실 규모를 밖에서 살피니 극히 초초草草하고 검소한 모양이었다. 천자의 위엄과 천하의 재력으로 이같이 검덕儉德을 숭상하여 행락을 일삼지 않으니, 60년 태평을 누리고 지금 성군으로 일컬음이 괴이한 것이 아니었다.…… 서쪽으로 5리를 행하여 원명원에 이르니 뒤쪽으로 큰 뫼가 둘러져 있는데 이름은 옥천산玉泉山이다. 뫼 앞으로 층층한 누각이 수 리를 연하였는데 황제가 머무는 궁실과 관원들이 모이는 마을과 부처와 신선의 묘당이다. 장려한 제도와 사치한 규모는 창춘원에 비하면 백 층이 넘을 것이었다. 강희가 평생 검소한 정사로 60년 재물을 모았으나 도리어 후대 임금의 사치를 도우니, 한 번 성하고 한 번 쇠함은 물리物理의 의법依法한 일이지만, 조상의 가난을 생각지 않고 재물의 한정이 있음을 돌아보지 아니 하니 오랑캐의 운수를 거의 짐작할 만하였다.[15]

홍대용의 이런 평가는 적절한 것일까? 창춘원은 강희제가 주로 머물던 별궁으로 훗날 지어진 원명원의 화려함에 비해 매우 소박했다.

인공 조형물보다 평원과 계곡 등의 자연물을 조성해 유목민족의 분위기를 한껏 살린 곳이었다. 그곳은 황제가 정무를 보거나 휴식을 취하는 공간 이상의 의미를 지녔다. 강희제는 창춘원에서 팔기八旗와 함께 말을 타고 사냥을 하며 끊임없이 자신들의 뿌리를 환기했다.

조선 사람 중에서도 이곳을 방문한 이들이 있었다. 바로 《노가재연행일기》의 저자 김창업이다. 그가 북경에 갔을 때 강희제는 조선의 활쏘기가 보고 싶다며 조선 사신단에서 사람을 뽑아 창춘원에 보내라고 했다. 김창업은 이 기회를 놓치지 않고 창춘원에 갔다. 그가 황제 앞에서 활을 쏘러 간 것은 아니었다. 창춘원이 보고 싶어 수행원으로 간 것이었다. 그는 창춘원 안으로 들어가지 못하고, 담 밖에서 창춘원을 구경했다. 안을 자세히 볼 수 없었지만, "높은 담장을 잡석으로 쌓고 회로 사이사이를 발랐으며 위에도 역시 기와로 이지 않고 회만 발랐으니, 그 제도가 소박했다."[16] 홍대용은 김창업의 이런 평가를 잘 알고 있었다. 그렇기에 원명원의 화려함은 사치로 보였을 것이다. 다만 홍대용의 평가는 관념적이다. 그는 원명원을 구경하지 못했고, 풍문으로만 평가했기 때문이다.

... 원명원에 기대어 보는
청나라의 흥망성쇠

조선 사신이 원명원에 드나들기 시작한 것은 1782년(정조 6)부터이다. 2년 전 건륭제는 칠순을 기념하여 열하에서 성대한 만수절 행사를 개최했다. 조선은 초청받지 못했지만, 축하 사절을 파견해

사신을 따라 청나라에 가다

건륭 연간에 제작된 〈원명원사경도영圓明園四十景圖詠〉 중 '산고수장각'

(파리 국립도서관 소장)

《원명원사경도영》은 건륭제의 명에 의해 1744년 제작되었다. 총 40폭으로 원명원 곳곳의 경관을 담고 있으며, 건륭제는 각 풍경마다 어제시를 지어 기념하였다. 건륭 연간 원명원의 모습을 살펴볼 수 있는 귀중한 자료이나, 제2차 아편전쟁 당시 약탈되어 현재 파리 국립도서관에 소장되어 있다. 여기서 소개한 부분은 산고수장각을 그린 것으로, 조선 사신이 원명원에서 정대광명전과 함께 가장 많이 방문했던 장소이다.

건륭제가 매우 기뻐했다. 건륭제는 조선 사신을 열하로 불러들였고, 전례 없이 황실 연회에 참석토록 하였다. 이를 계기로 건륭제는 북경에서 열리는 황실 연회에도 조공국 사신을 초대하기로 마음먹었다. 그것이 이루어진 것이 1782년이며, 조선 사신은 황실 연회가 열리는 원명원에 들어갈 수 있었다.

조선 사람 최초로 원명원에 들어간 이는 황인점黃仁點과 홍수보洪秀輔였다. 이들은 정기 사행인 삼절연공행의 정사와 부사로 북경에 왔다가 1782년 정월대보름에 원명원에서 열린 상원절上元節 연회에 초청받는 뜻밖의 행운을 얻었다. 청나라는 원래 내부 구성원인 몽골, 티베트, 위구르 등의 사절을 불러 상원절에 연회를 베풀고 내부 결속을 다졌다. 이것이 조선을 포함한 조공국 사신에게까지 확대된 것이다. 상원절 연회의 하이라이트는 산고수장각山高水長閣에서 펼쳐지는 불꽃놀이와 등불놀이였다. 눈이 휘둥그레질만 한 장관이었다. 하지만 홍수보는 그리 기쁘지 않았다. 오히려 공자가 노나라의 신하로 제나라와의 협곡회맹에 참석하는 심정이었다. 삼전도 굴욕의 아픈 기억과 만주족을 오랑캐로 멸시하는 마음이 그를 불편하게 만들었다. 다만 연회에 참석해 그처럼 불편함을 느끼는 이는 많지 않았다.

다음 해 삼절연공행의 정사로 상원절 연회에 참석했던 정존겸鄭存謙은《연행일기》에 자신이 산고수장각에서 본 불꽃놀이와 등불놀이를 자세하게 기록했다. 구련등九蓮燈, 화합등花盒燈, 결화평화結花平花, 장군령將軍令 등 그 종류도 다양했다. 그중 황제가 가장 좋아한다는 장군령을 다음과 같이 묘사했다.

결화結花와 평화平花가 꺼지면 어좌 앞으로 문득 불이 날아서 줄을

사신을 따라 청나라에 가다

타고 가다가 홍문紅門 장대 위에 붙는다. 장대 위에는 모두 가로줄이 있어 깃대와 창나무 사이에 둘러쳐 있다. 불꽃이 동분서주하니 유성처럼 빠르다. 경각간에 사방에서 불이 오르고 땅속에 묻는 포가 동시에 상응하여 종횡 상하로 콰르릉 천지를 요동한다. 불꽃이 찬연하고 대낮같이 밝으니 참으로 장관이다.[17]

조선 사신이 원명원의 연회에 참석하면서 아방궁이니 망국의 지름길이니 하는 비판은 사라졌다. 원명원은 북경에 들르면 꼭 봐야 할 장관이 되었다. 하지만 원명원은 아무 때나 들어갈 수 있는 곳이 아니다. 황실 연회에 초청받을 때만 갈 수 있다. 아무나 들어갈 수 있는 것도 아니었다. 상원절 연회와 같은 황실 연회에는 정사와 부사 그리고 역관 몇 명만 참석할 수 있었다. 그럼에도 불구하고 18세기 말부터 거의 모든 연행록에 원명원 관련 기록이 등장한다. 사신단 일원은 천하의 장관을 보기 위해 원명원으로 몰려들었다. 안으로 들어갈 수 없었지만, 담 밖에서 화려한 불꽃놀이와 등불놀이를 관람할 수 있었기 때문이다.

사람의 눈과 입은 간사하다. 이궁에서 황음을 즐긴다고 할 때는 언제고, 이제는 천하의 장관이라 칭한다. 사치스러운 모습을 직접 목격했으면 연회에 막대한 돈을 쓰는 황제를 비판해야 하지 않는가. 그런 비판을 하는 이는 극소수였다. 1810년 이후로 청나라 황실의 재력이 고갈되며 연회가 예전같지 않았다. 조선 사신도 이를 잘 알고 있었다. 하지만 개인의 연행록에서는 원명원의 화려함만을 묘사했다. 다만 대부분 처음 보는 모습일 테니 예전에 얼마나 더 화려했을지는 몰랐을 것이다. 지금의 순간이 예전보다 훨씬 못해도, 평생의 진풍경이니 감탄하지 않을 수 없었을 것이다.

그런데 아편전쟁 이후 상원절 연회에서 불꽃놀이와 등불놀이가 사라졌다. 전쟁과 민란, 자연재해가 계속되며 청나라의 사정이 말이 아니었기 때문이다. 여기에 태평천국의 난으로 위기가 가중되었다. 1850년 함풍제가 즉위한 후에는 상원절 연회조차 제대로 열리지 못했다. 1859년 정월 함풍제는 상원절 연회를 열며 20년 넘게 열리지 않던 등불놀이를 열었다. 황제의 나이 29세, 즉위 9년째 되는 해였다. 즉위 초에 비해, 청나라의 사정은 더 악화되었다. 태평천국의 난으로 내란을 겪고 있었다. 영국·프랑스와는 제2차 아편전쟁을 벌이고 있었다. 함풍제가 무슨 생각을 했는지 모르겠다. 즉위 때부터 내우외환으로 어깨를 제대로 펴 본 적이 없는 황제가 기지개를 켜려 했던 것일까.

당시 삼절연공행의 서장관으로 북경에 체류 중이던 김직연金直淵도 20여 년 만의 등불놀이를 구경했다. 정사와 부사만 들어갈 수 있으나, 안면이 있던 청나라 통관通官이 주선해 줘 들어갈 수 있었다. 그곳에서 온갖 서커스와 마술, 등불놀이를 구경했다. 자세히 기록한 것을 보면 재미있게 구경한 듯하나, 그는 심히 못마땅해했다. 그는 등불놀이를 "도광 이후에 재물이 모자라 행하지 못하였는데 오늘 거행하니 실로 성대한 행사"라고 들은 얘기를 기록하면서도, "지금 도적떼가 그치지 않고 외적을 지키는 일이 급하거늘 이처럼 무익한 행사를 힘들여 거행하는데, 이를 성대한 행사라고 할 수 있겠는가!"라며 한탄했다.[18]

김직연의 한탄은 허언이 아니었다. 다음 해 영국과 프랑스 연합군이 점점 북경에 가까워지면서 함풍제가 열하로 피난을 갔고, 얼마 안 있어 북경이 점령당하고 원명원이 약탈당했다. 청나라는 굴욕적인 불평등 조약을 맺었다. 함풍제는 북경으로 돌아오지 못한 채 열하에서 죽

었다. 이후 다시는 상원절 연회가 열리지 않았다. 40년 뒤 성세의 상징
이었던 원명원은 1900년 8국연합군에 의해 다시 약탈당하고 파괴된
다. 건륭 성세의 상징이자, 청나라 절정기의 유산인 원명원은 그렇게
파괴됐다.

사찰을 유람하다 오르는
법장사 백탑

오랜 세월 중국의 수도 역할을 해 온 북경에는 수많은 사찰이 지어졌다. 수도에는 황제를 비롯해 많은 황족들이 살았으며, 권문세가들이 밀집해 있었다. 그들이 사찰을 지었다. 심지어 명대에는 자손을 낳지 못하는 환관들이 권세를 누리며 많은 사찰을 짓기도 했다. 박지원은《열하일기》에서 북경의 사찰에 대해 "북경 황성 안팎의 여염집과 점포 사이에 있는 사찰이나 도교 사원 및 사당은 천자의 칙명으로 특별히 건축한 것이 아니라, 모두 왕족들이나 부마 그리고 만주족이나 한족 대신들이 희사한 집이다. 게다가 부자들과 큰 장사치들은 반드시 사당 하나를 새로 지어서 여러 신들에게 부를 이루게 해 달라고 비는데, 경쟁적으로 사치하고 화려하게 집을 꾸미려 하였다. 때문에 천자는 도성을 화려하게 만들기 위해서 일부러 토목공사를 따로 벌여 별궁을 만들 필요가 없었다. 명나라 정통正統·천순天順 연간에 궁중의 내탕금을 내어 만든 것이 이백여 군데나 된다"[19]라고 묘사한 바 있다.

... 사찰, 북경의 주요 관광지

중국 종교의 축소판을 보여 주는 것처럼, 북경에는 사찰
이 많았을 뿐만 아니라, 그 종류도 다양했다. 조선은 주자학을 신봉했
기에 사신들에게 도시 곳곳에 자리 잡은 사찰은 생소했으며 호기심을
자아냈다. 구경에 열중했던 박지원은 이런 사찰들을 찾아다니며,《열
하일기》에 〈앙엽기盎葉記〉라는 장을 따로 만들어 기록해 두었다.

이번에 내가 구경한 것은 겨우 그 백 분의 일 정도에 지나지 않는다.
어떤 경우에는 우리 역관들에게 제지당하기도 하고, 더러는 들어가
기 힘든 곳을 문지기와 다투어 가면서 바야흐로 그 안으로 들어가면
시간이 언제 가는지 총총하여 시간이 부족할 지경이다. 건물을 세
운 일화와 연혁은 비석에 새겨진 글을 살펴 보지 않고선 어느 시대
의 무슨 절인지 알 수가 없다. 겨우 비석 하나를 읽는데도 문득 시간
이 훌쩍 흘러 버려, 자개와 구슬처럼 찬란하고 아름다운 궁궐 구경
도 그저 문틈으로 달리는 말을 내다보는 격이고, 빠른 여울을 지나
는 배처럼 건성으로 볼 수밖에 없다. 이 때문에 다섯 감각기관인 눈,
귀, 코, 혀, 피부는 모두 피로한 상태이고 베껴 적으려다보니 문방사
우가 모두 초췌하다. 항상 꿈속에서 무슨 예언서를 읽는 것 같고, 눈
에는 신기루가 어른거려서 뒤죽박죽 섞이고 희미해져서 이름과 실
제의 사적이 헷갈리는 것이 대부분이다.[20]

열심히 사찰을 찾아 구경한 박지원이지만, 백 분의 일도 구경하지 못했다. 사신 임무를 수행해야 하는 공무에 바쁜 정사, 부사, 서장관과 같은 삼사는 박지원처럼 욕심을 내기도 힘들었다. 사정이 이러니 사신으로 온 이들이 주로 구경하는 사찰들이 생겼다. 마치 로마에 가면 깨알처럼 많은 성당 중에서 성 베드로 성당, 산타 마리아 마죠레 성당, 성 바울 성당 등을 구경하듯 말이다. 조선 사신들이 주로 구경한 사찰로는 법장사法藏寺, 옹화궁雍和宮, 융복사隆福寺, 백운관白雲觀 등이 있었다.

조선 사신이 북경에서 관람하는 사찰은 주로 다른 종교에 관한 관심, 흔적의 공간, 시장으로 나눌 수 있다. 다른 종교에 관한 관심으로 방문한 사찰로는 옹화궁과 백운관 등이 있다. 융복사는 시장으로 역할을 했다. 이와 달리 법장사는 흔적의 공간이다. 유람하고 기록을 남기는 것은 종이 속에 자신의 흔적을 남기는 것이다. 하지만 그 흔적은 경험의 공간을 떠나 조선에만 남게 된다. 반면 유물 위에 흔적을 남기면 자신이 방문한 공간에 그대로 기록이 남게 된다. 즉, 우리가 여행을 다니며 남기는 방명록이나 비신사적이지만 물건에 남기는 낙서들이 그렇다. 조선 사신에게 법장사는 바로 그런 공간이었다.

숭문문崇文門 밖에 위치한 법장사는 금나라 대정大定 때 창건됐다. 원래 이름은 미타사彌陀寺였는데, 명나라 경태景泰 3년에 환관 비선정裴善靜이 새로 지어 법장사로 이름을 바꿨다. 법장사는 오래된 사찰이었으나, 청 입관 이후 승려가 떠나고, 후원자가 사라지면서 관리가 제대로 되지 않았다. 외관만 보면 구경할 거리가 있나 할 정도였다. 하지만 조선 사신은 황폐해진 법장사를 찾았다. 법장사에는 7층 백탑이 있었는데, 그곳에 올라 북경 전경을 구경하기 위해서 말이다. 백탑에 올라 창을 통해 밖을 보면 북경의 전경이 한눈에 들어왔다. 1863년(철종 14)

사신을 따라 청나라에 가다

Peking

圖連達
Tu-Lien-Ta

Pagode

20세기 초 법장사 백탑
(엽서)

법장사는 현재 사진으로만 그 모습을 확인할 수 있다. 법장사의 모습을 담고 있는 이 엽서는 천진을 중심으로 활동하던 도련달양행圖連達洋行이 인쇄한 것이다. 도련달Tu-lien-ta('trendl'의 음역)은 독일인 안톤 빌헬름 트렌델Anton Wilhelm Trendel이 세운 회사로 중국 명승고적, 자연풍경, 인물 등을 담은 엽서를 판매했다. 법장사 백탑은 도련달 엽서뿐만 아니라, 다른 회사의 엽서에 자주 등장할 만큼 북경을 대표하는 고적 중 하나였다.

법장사를 방문한 이항억李恒億은 "돌계단을 돌고 또 돌고 꼭대기에 오르니, 성 전체가 눈 아래 펼쳐졌으며 만세산萬歲山이 마치 평지와 같아 보였다"[21]고 묘사했다. 1804년(순조 4) 이곳에 오른 이해응李海應은 "새가 날아간 장공엔 시야가 멀고, 탑루는 자금성과 나란히 높네"[22]라며 감탄했다.

... 백탑에 이름을 남기다

법장사 백탑은 조선 사신의 또 다른 흥취를 돋구웠다. 바로 탑에 올라 제명을 쓰는 것이었다. 말 그대로 나 여기 왔다 갔노라 하고 흔적을 남기는 것이다. 이러한 낙서를 시작한 이는《노가재연행일기》로 유명한 김창업이다. 1805년(순조 5) 북경에 사행을 오른 원재명元在明은 백탑에 이름을 남기며, 이는 김창업으로부터 시작됐다고 했다. 그래서《노가재연행일기》를 찾아보니, 김창업은 1713년(숙종 39) 정월 초하루에 법장사를 방문했다. "탑 안의 제명題名은 남방인이 많은데 나도 상층에 '조선인 김모, 모년 모월 모일 와서 오르다'라 적었다. 따라온 자는 차준걸, 강우양, 원건, 선흥, 귀동, 장지 등이었다. 차준걸은 만상 군관, 장지는 쇄마구인으로 물을 길러 왔다가 천단에서부터 따라온 자들이다."[23] 그의 기록을 보니 탑 안에 다른 조선 사람의 이름은 보이지 않은 듯하다. 박지원도 법장사 백탑을 찾았는데《열하일기》에서 "그 제일층에는 우리나라 김공 창업의 제명이 있고, 그 밑에는 또 내 친구 홍군 대용의 제명이 있는데, 먹빛이 금방 쓴 것 같았다"[24]고 했다. 맨 위쪽에 김창업이 이름이 있다는 것으로 보아 이러한 낙서는 김창업으로 시작되어 사람들이 그 밑으로 이름을 계속 남긴 것으로 보인다.

법장사 백탑에 제명을 남기는 것은 하나의 문화가 되었다. 19세기에 이르면, 박지원처럼 전에 사신으로 왔던 가족이나 친척, 친구들의 이름을 접하는 것은 일상이 되었다. 시간이 흐르면서 백탑 벽면에 조선 사람들의 이름으로 가득 차 붓을 대기 힘들 정도였다. 1833년(순조 32) 백탑에 오른 김경선은 당시 경험을 다음과 같이 묘사했다.

> 무릇 7층을 지나 위층에 이르니, 감벽坎壁에 검정 돌로 만든 작은 비석이 하나 있는데, '마하반야바라밀다심경摩訶般若波羅蜜多心經'을 새겨 놓았고, 아래에 '대명 경태 5년 9월 15일 황월黃鉞 시주, 소충蘇忠 새감'이라 쓰여 있었다. 그 좌우편 벽의 제명題名은 다 우리나라 사람의 것이었는데, 친구 중에 연경에 사신 온 자의 것이 많았다. 그리고 심지어는 옛것을 지우고 새로 써서 붓을 댈 만한 곳이 없었다. 그래서 맨 위의 불감佛龕 동쪽 벽에다 '조선 김모'라고 큼직하게 쓰고, 곁에 성신聖申의 성명을 쓰고, 그 아래에 '계사 정월 3일'이라고 가로로 썼다. 부사 및 여러 사람도 다 이름을 적었다.[25]

하지만 김경선은 낙서하는 것이 마음에 걸렸는지 자신의 이름을 쓰지 않고 '김모'라고만 적었다. 대신 서장관인 자신을 수행해 온 친구 '성신聖申'의 이름을 남겼다. 성신은 어명희魚命羲의 호이다.

김경선은 1851년(철종 2) 정사 신분으로 사행길에 올랐다. 북경에서 바쁜 와중에도 법장사 백탑을 다시 올랐다. 꼭대기 층에 오르니 1833년 자기가 썼던 제명이 지워지지 않고 그대로 남아 있었다. 어명희의 이름도 그대로 있었다. 하지만 그는 이 세상 사람이 아니었다. 김경선은 애처롭고 비통한 마음이 들었다. 어명희의 이름을 다른 색으로 다시 썼다. 박지원도 백탑에서 홍대용의 이름을 접했을 때, 죽은 홍대용이 뛰쳐나와 자기와 얘기를 나눌 것 같다며 짙은 그리움을 표현했었다. 수천 리 이국땅에서 만나는 옛 지인의 흔적과 만남은 그리움과 애처로움을 더 깊게 만들었을 것이다.

이렇게 남겨진 조선 사신들의 흔적은 오늘날 확인할 길이 없다. 1965년 법장사 탑이 주변 철로의 안전 문제로 철거되었기 때문이다. 그들이 남기고 싶었던 흔적은 시간의 흐름 속에서 사라진 것이다. 문득 이런 생각이 든다. 그들이 남긴 연행록은 두고두고 읽히고 있지만, 그들이 문물에 남긴 흔적은 사라져 버렸다. 유적에 이름을 남기는 것이 얼마나 부질없는 일인가.

사신을 따라 청나라에 가다

북경 공중목욕탕에 몸을 담근 조선 선비

사행에 따라간 역졸이나 말몰이꾼이 배운 중국어는 모두가 잘못되고 알아먹지도 못하는 엉터리 중국말이다. 자기들이 말하면서 무슨 뜻인지도 모르면서 항상 쓴다. 냄새가 아주 고약한 것을 중국말로 '가오리초우(고려취)'라고 하는데, 이는 고려인들이 목욕을 하지 않아서 발 냄새가 아주 고약하다는 것에서 나온 말이다.[26]

《열하일기》에 나오는 말로, 박지원은 뜻도 모르고 중국말을 쓴다고 탐탁지 않게 여겼다. 민간 속설에 따르면, 고린내는 '가오리초우高麗臭(고려취)'에서 왔다고 한다. 박지원도 그렇게 생각해 역정이 난 것 같다. 하지만 이는 속설일 뿐이다. '고린내'는 속이 상했다는 뜻의 '곯다'에서 온 말이다. 곯은 냄새가 줄여져 고린내가 됐다. 다만 당시 청나라 사람들은 조선 사람을 보고 냄새가 난다고 말하곤 했다.

오늘날 우리의 상식과는 정반대다. 백의민족이란 말이 있을 정도로 우리가 얼마나 깔끔한가. 냄새가 난다니 당치도 않다. 청나라 사람들이 조선인을 깔보고 한 얘기가 아닌가. 분하지만 청나라 사람들이 없는 말을 지어 낸 것은 아니다. 얼굴만 잘 씻는다고 냄새가 나지 않는가. 옷도 자주 빨아 입고, 목욕도 자주 해야 한다. 하지만 고된 사행길에 하기 힘든 일들이다. 압록강을 건너 북경에 도착하기까지 사신단은 쉬지 않고 이동한다. 사행을 떠나는 때는 대부분 한겨울이다. 세탁이나 목욕할 겨를이 없다. 게다가 양반네를 제외하면 대부분 걸어서 이동했기에 여벌옷을 챙기는 것조차 짐이 된다. 청나라에서 팔 만한 물건을 챙겨 가기 바빴다. 사정이 이러니 몸에서 냄새가 난다 한들 이상한 일이 아니다.

... 여정의 고린내를 씻을 목욕탕으로

사행 여정에서는 그렇다 치고, 북경 도착 후에는 어땠을까. 여정의 피곤함에 목욕 한번 했을 법하다. 그런데 수백 종의 연행록을 뒤져도 목욕을 했다는 기록을 찾아보기 힘들다. 은밀한 경험이라 기록하지 않은 것인가. 아니면 북경에서는 목욕하기가 마땅치 않았을까. 조선 사신의 숙소였던 회동관에 욕실이 따로 마련되어 있지 않았다. 많은 인원이 들어가야 하니 공간이 비좁았다. 정사나 부사가 아니라면 물을 데워 몸을 씻기는 쉽지 않았을 것이다. 물을 데우는 데 석탄이 필요하니 그 비용도 만만치 않았을 것이다.

목욕의 어려움을 해결해 줄 곳이 있었다. 바로 공중목욕탕이다. 북경에는 17세기 후반 영업을 시작한 용천당涌泉堂을 비롯해 18세기에 만들어진 정옥조당靜玉澡堂, 1854년에 개업한 항경당恒庆堂 등 공중목욕탕이 성행했었다. 마음만 먹으면 목욕탕에서 여정의 찌든 때를 씻어낼 수 있었다. 그런데도 조선 사람의 목욕탕 이용 기록은 참으로 귀하다. 그동안 많은 연행록을 읽었지만, 목욕 경험을 기록한 것은 이항억의 《연행일기》밖에 없다. 이항억은 1862~1863년(철종 13~14) 정사 이의익李宜翼의 수행원으로 북경에 다녀왔다. 이덕형의 후손이라고 밝힌 그의 《연행일기》에는 흥미로운 기록이 많다. 북경 목욕탕 체험뿐만 아니라, 한국 최초로 사진을 찍은 기록도 있다. 사진 이야기는 뒤에서 다루겠지만, 조선 최초의 사진 체험자였을 가능성이 크다.

조선에는 공중목욕탕이 없었다. 한국에 공중목욕탕이 생긴 것은 20세기 들어서다. 강화도조약으로 부산을 개항하게 되자 부산 동래에 많은 일본인이 몰려들었다. 온천문화가 발달한 일본인들은 동래에 온천을 만들었다. 이후 한국에 많은 온천이 개발되게 되었고, 1924년 평양에 한국 최초의 목욕탕이 만들어졌다. 다음해 서울에도 공중목욕탕이 만들어졌다. 이항억은 이보다 60년을 앞서 목욕탕을 체험했다.

이항억은 1862년(철종 13) 겨울 북경에 도착했다. 회동관에 짐을 풀자마자 유성국裕誠局의 유 씨 성을 가진 이를 따라 목욕탕에 갔다. 유성국은 당시 조선관인 회동관 앞거리에 있던 상점으로 조선 상인들과 거래하던 상점으로 보인다. 회동관 주변에는 조선 사신단과 거래를 하는 인삼국이 즐비하게 있었는데, 이들은 조선 사신들에게 많은 편의를 제공했다. 사신이 북경에 도착하기 전 그들 대신 오랫동안 비어 있던 숙소를 정비해 주거나, 청나라 문인과 만남의 장소를 제공해 주기도 했으며, 서신 전달을 대행해 주기도 했다. 조선 사신단과 장사를 해야 하니 좋은 관계를 맺어야 하는 것은 당연했다. 유 씨가 이항억을 목욕탕에 데려간 것도 단순한 호의만은 아니었을 것이다. 어쨌든 목욕탕 문화로 유명한 중국 양주揚州에 "술 한잔 살게"처럼 "목욕 한번 쏠게請澡"라는 말이 있었듯이, 유 씨가 이항억에게 목욕 한턱 냈다.

밤에 관초와 함께 걸어서 목욕갱沐浴炕으로 갔다. 관에서부터 서쪽으로 비스듬히 돌아가서 5리쯤에 있었다. 유성국의 유 씨 성을 가진 사람이 촛불을 잡고 앞서 인도해 함께 목욕갱에 갔다. [목욕갱은] 궁륭형穹窿形으로 수백 칸이 되었다. 갱에 들어가니 훈기가 방에 가득해서 나도 모르게 땀이 흘러내렸다. 저쪽 사람 5, 60인도 모두 벌거벗고 목욕하고 있었다. 한참 있으려니 갱의 주인이 나와 관초를 청하여 정결한 갱으로 가 앉히고, 두 개의 큰 나무그릇에 물을 담아 주어 그것으로 목욕하게 했다. 타국인을 우대한다는 것이다. 나도 또한 벌거벗고 목욕했는데 그 물은 차지도 않고 뜨겁지도 않았다. 몸에 가득한 때를 다 벗겨 씻어 내고 나니 몸이 가볍고 상쾌했다. 목욕값이 칠 백이었다.[27]

... 정옥조당 탕 안에서 몸을 담그고

이항억이 간 목욕탕은 어디였을까? 조선 사신단이 머물던 회동관 서북쪽으로 2~3킬로미터 떨어진 곳에 서단西單이 있었다. 서단은 청대부터 현재까지 이르는 번화가다. 그곳에 북경에서 꽤 유명했

《청속기문》 권2

《청속기문淸俗紀聞》은 나카가와 다다테루가 1790년대 나가사키의 행정관인 부교奉行 직을 수행하던 시절, 청나라의 복건, 절강, 강소 등지에서 온 상인들로부터 정보를 수집하여 만든 중국 정보지이다. 청나라의 세시풍속, 일상생활, 의복, 의례 등의 내용을 담고 있다.

던 정옥조당이라는 목욕탕이 있었다. 이항억이 서쪽으로 비스듬히 돌아 5리쯤 갔다고 하니 거리나 방향이 얼추 맞다. 또 목욕탕이 수백 칸이나 되었다고 하니 상당히 성행한 곳으로 보이기에 정옥조당이라고 봐도 틀리지 않을 것이다.

이항억이 몸을 담은 정결한 갱은 여러 종류의 탕 중 괜찮은 편에 속했던 것 같다. 타국인을 우대했다니 말이다. 탕에 대한 이항억의 기록이 소략하여 어떤 모습이었을지 상상이 잘 가지 않는다. 다만 18세기 나카가와 다다테루中川忠英가 쓴《청속기문清俗紀聞》에 실린 목욕탕 그림을 참고할 수 있다. 그림을 보면 큰 탕 안에 여럿이 몸을 담그고 있고, 옆에 작은 대야에 몸을 씻는 모습이 보인다. 몸을 담을 수 있는 크기는 아니다. 그 아래 큰 나무대야에 몸을 담그고 있는 사람이 보이고, 그 옆에 물이 담긴 작은 탕이 보인다. 이항억은 바로 그 작은 탕에서 목욕했을 것이다.

그는 미지근한 물에 몸을 담그고 무슨 생각을 했을까? 큰 탕에서 다른 이와 함께 있는 것은 아니지만, 양반이 홀딱 벗고 남들과 목욕하니 체면 상한다 생각하지 않았을까. 그런 것 같지는 않다. 그랬다면 기록으로 남기지 않았을 테니 말이다. 이항억은 분명 남다른 모습이 있다. 다른 양반들은 남기지 않은 경험을 기록했으니 말이다.

조선 양반은 체면 때문에 목욕탕에 가지 않았을까, 아니면 체면 때문에 기록을 남기지 않은 것일까. 이항억처럼 기록을 남길 용기가 없었으리라. 조선 사람은 사정만 된다면 '고린내'를 풍기기보다는 깔끔을 떨었기 때문이다. 19세기 후반 유명 사진작가였던 존 톰슨John Thompson의 목격담이 이를 증명한다. 그는 북경에서 우연히 조선 관원의 사진을 찍을 일이 있었는데, 그들의 정결함에 상당히 놀랐다.

　　　　　　　　　　　　　　　　　사신을 따라 청나라에 가다

1871년 내가 마침 북경에 있을 때, 운 좋게도 이 사진 한 장을 촬영할 수 있었다. 이 두 명은 조선 관원이다. 나는 그들의 생김새가 유럽인의 특징을 가지고 있어 크게 놀랍다. 이 사신과 그 종복들을 볼 때, 이러한 생김새는 그 민족의 보편적인 생김새로 보인다. 한 털의 더러움도 없는 옷을 입고 있었고 머리부터 발끝까지 모두 흰색이었다. 이처럼 정결한 모습은 내게 매우 인상적이었다. 그들이 거주하는 곳은 매우 깨끗하게 정리되어 있었고, 차마 바닥을 밟을 수 없을 정도였다.[28]

존 톰슨이 만난 이들이 양반은 아니었다. 중인인 역관이었다. 그러나 양반이 역관보다 못했을 리가 없다. 목욕탕에서 몸도 정결하게 하고, 여정에 찌든 옷도 깨끗이 빨아 단정히 다녔을 것이다. '노린내' 나는 오랑캐에게 '고린내' 난다고 들을 수 없지 않겠는가. 아랫사람들이 그렇다고 하더라도 말이다.

큰 코 오랑캐가 사는
아라사관

18세기 조선 선비의 눈길을 끈 학문으로 북학北學과 서학西學이 있다. 18세기 초반 조선과 청의 관계가 점차 안정화되면서 청의 문물과 학문에 관심을 두었으며, 선교사들에 의해 청에 유입된 서학에도 큰 관심을 두었다. 당시 조선 사회에 서학에 관한 관심을 증폭시킨 것은 사신들의 북경 천주당 관람을 통해서였다. 18세기 후반에 북경으로 오던 조선 사신은 너나없이 천주당을 구경했다.

서양인과 서양 문물을 접촉할 수 있는 곳으로 아라사관俄羅斯館도 있었다. 아라사俄羅斯는 러시아를 음역한 것이다. 청나라 문헌에서는 아라사阿羅思, 나찰羅刹, 알로사斡魯思 등으로 표기되기도 했는데, 아라사가 가장 많이 쓰였다. 아라사관은 이름 그대로 러시아인들이 북경에서 머물던 공간이다. 17세기 중엽부터 러시아가 흑룡강 지역으로 세력

북경의 아라사관

이 그림은 니콜라이 이바노비치 베셰로프스키Nikolai Ivanovich Veselovsky(1848~1918)가 1905년에 쓴 청대 북경에서의 러시아 정교회의 활동에 관한 책에 수록되어 있는데, 정교회의 교당이 설치된 아라사관의 모습을 잘 보여 준다. Materialy dlia istorii rossiiskoi dukhovnoi missii v Pekine, St. Petersburg: Tip. Glavnogo Upravleniia Udelov, 1905.

을 확대했다. 이로 인해 중원을 장악한 지 얼마 안 된 청나라와 러시아의 무력 충돌이 일어났다. 국경을 두고 끊임없이 분쟁이 일어났으며, 1689년 국경을 확정짓는 네르친스크 조약을 맺고 나서야 갈등이 종식됐다.

... 북경에 사는 '흉포한' 러시아인

러시아는 네르친스크 조약을 통해 청에 정기적으로 사절단과 상인을 파견할 수 있었다. 1727년에는 캬흐타 조약을 체결해 북경에 러시아 정교회 선교사와 학생을 파견해 상주시킬 수 있었으며, 이후 약 10년에 한 번씩 상주 인원을 교체했다. 러시아 사절이 북경에 올 적에 머물던 회동관은 캬흐타 조약으로 아라사관이 되었다. 아라사관은 오늘날 대사관처럼 생각할 수 있으나, 그 성격은 사뭇 다르다. 청나라가 그들의 숙식을 제공했고, 이들이 외교 교섭권을 가진 것은 아니기 때문이다.

러시아인이 북경에 장기간 체류하게 되면서 조선 사신이 그들을 볼 기회가 많아졌다. 1749년(영조 25) 진하 겸 사은사의 부사 남태량南泰良은 아라사관의 '리파利波'라는 이에게 시 한 편을 써 주기도 했다.[29] 역관을 중심으로 무역이 이루어지기도 했다. 주로 구입한 물건은 모피와 청동거울이었으며, 조선에서 인기가 많았다.

시도 써 주고 무역도 하니 조선인과 러시아인의 교류가 많았을 것 같지만, 18세기 연행록에서 아라사관 방문 기록을 찾아보기 힘들다. 서양인과의 접촉을 금기시해서였을까. 천주당 방문 기록이 매우 많은 것을 보면 그것은 아니었다. 조선인들은 러시아에 관해 잘 알지 못했을 뿐만 아니라 부정적 인상을 갖고 있었다. 우선 러시아인들에게 명나라 시절부터 조선 사신들이 머물던 회동관을 뺏겼다고 생각했다. 북경에 외국 사절을 위한 관사가 여럿 있었다. 그중 가장 크고 위치가 좋은 관사를 러시아 사절단이 차지했다. 그곳은 조선 사신이 주로 머물던 곳이지만, 러시아 사절단이 오면 숙소를 내줘야 했다. 캬흐타 조약 이후에는 아라사관으로 바뀌어 온전히 러시아 사람들의 공간이 되었다. 조선 사신은 '야만스러운' 오랑캐보다도 대접받지 못한다고 느꼈다.

　게다가 조선인들은 러시아인이 흉포하다고 생각했다. 홍대용이 아라사관을 가려 하자 역관과 하인이 말리기를, "아라사는 성정이 영악하여 황제도 매우 괴롭게 여깁니다. 조공을 해마다 하지 않는데 군사가 극히 폭력적이어서, 변방의 작란을 염려하여 중국의 출입을 허락하고 물화 매매를 통하게 하였습니다. 그러나 문 밖에 나가면 억지로 매매하는 것이 많고 혹 사람을 상하게 하거나 여자를 겁탈하였으며, 몇 해 전에는 여러 놈이 길가에 나와 사람을 쳐 죽이고 재물을 겁탈했답니다. 황제가 듣고 크게 노하여 대청문에 친히 앉아 군사를 크게 모아 위의威儀를 성하게 차리고 두어 놈의 목을 베니, 이후에는 작란이 많지 않습니다."[30] 이토록 광폭한 종족이니 조선 사신이 굳이 찾아갈 이유가 없었다. 천주당을 드나들며 서양 문물에 대한 호기심을 채우면 그만이었다. 러시아인을 몽고족의 별종으로 보고 큰 관심을 가지지 않았다.

... 러시아인과의 만남

  19세기가 되면서 상황이 달라졌다. 1801년(순조 원년) 신유박
해가 일어났다. 천주교가 국법으로 금지됐고, 종교를 위해서는 목숨을
걸어야 했다. 더는 천주당을 방문할 수 없었다. 방문 자체가 금지됐을
뿐만 아니라, 그곳에 가는 것만으로 천주교 신자로 의심받을 수 있었다.
호기심에 목숨을 걸 사람은 없었다. 많은 이들이 그 앞을 한번 지나쳐
가거나, 3대 연행록을 되새기는 것으로 대리만족을 했다. 하지만 금하면
더 보고 싶은 것이 사람 마음 아니겠는가. 그 마음을 조금이나마 채워
줄 곳이 있었다. 바로 러시아인이 사는 아라사관이었다. 그곳은 18세기
조선 사신들이 경험한 천주당과 비슷했다. 1828~1829년(순조 28~29)
사행을 다녀 온 박사호朴思浩는 아라사관을 다음과 같이 묘사했다.

  악라사관鄂羅斯館은 옥하교玉河橋 곁에 있다. 두 겹문을 들어가니, 한
  고각高閣을 세우고 각 안에 한 장부丈夫를 그렸는데, 머리를 풀어 헤
  치고 벌거벗은 몸에 유혈이 낭자하며, 눈을 감고 고개를 푹 숙이고
  있는 것이 엄연히 죽은 사람이다. 보고 놀랐는데, 그림 종이 위에는
  유리를 붙여 속이 비치어 보인다. 그 밑에는 의자와 탁자, 향로와 촛
  대가 놓여 있는데, 붉은 칠이 곱고 아름답다. 문미門楣 위에 그린 인
  물도 또한 유리를 붙였는데, 완연히 살아 움직이는 것 같다.…… 그
  관에 들어가니 매우 깨끗하고 기물들이 다 진기한 보배였다. 한 사
  람이 있어 맞아 앉히는데 우리나라 말을 조금 알아 겨우 인사를 건
  네었다. 책상 위에는 만주와 중국 책이 있어 편질篇帙이 퍽 많은데,
  악라鄂羅 글자로 번역하여 작은 글자로 베껴 쓴 것이 범서梵書와 같

사신을 따라 청나라에 가다

다. 탁자 위에 자명종이 있는데 만듦새가 매우 정묘하다. 또, 손바닥만 한 자명금自鳴琴이 있는데, 그 만듦새는 굴대를 한 번 돌리면 기둥을 따라 용수철이 튕기어 음조를 이룬다.[31]

악라사관은 아라사관이다. 여기서 박사호는 예수상을 봤으며, 서양 그릇과 향로 등 기물을 봤으며, 자명종을 봤다. 아라사관의 러시아인과 필담을 나누기도 했다. 이러한 경험은 18세기 천주당 경험과 매우 유사하다. 아라사관의 꾸밈은 천주당의 화려함에 비교할 수 없었지만, 호기심을 채우기에는 충분했다.

그런데 뭔가 이상하다. 러시아가 믿던 동방정교회는 천주교와 크게 다르지 않다. 서양에 대해 잘 몰랐던 조선인들에게는 더 그랬을 것이다. 아라사관에 예수상이 딱 자리 잡고 있었으니 조선 사람들은 러시아인이 천주교를 믿는다고 생각했어야 한다. 조선은 이미 서학과 천주교를 금지하였고, 조선인들은 이러한 이야기를 꺼내는 것을 매우 두려워했다. 그런데 어찌 아라사관을 갈 수 있단 말인가? 여기에는 명분이 필요했다. 김경선은 러시아인이 북경에 거주하는 것에 대해 다음과 같이 이야기했다.

> (러시아는) 예부터 중국에 조공하는 나라가 아니었으나 강희제 때에 스스로 친교親交를 맺으러 와서 중국말과 중국 책을 배우고자 하자, 중국에서는 먼 지방을 편안게 해 준다는 의리로써 사관使館을 주어 그들이 머물도록 하였다.[32]

이 말대로라면 러시아인은 청나라가 강요해서 온 것이 아니라 자원해서 온 것이다. 그 이유는 중국말과 중국 책을 배우기 위해서였다. 중국 문화를 배척하는 것이 아니라 배우러 온 이들이었다. 이는 곧 교화될 수 있음을 의미한다. 오랑캐가 유교에 교화될 수 있다는 이야기다. 그러니 아라사관 방문은 천주교가 금지된 상황에서도 이루어질 수 있었다. 이와 같은 이해는 매우 자연스러웠다. 아라사관은 청나라가 제공했고, 이번원理藩院이 관리하였다. 19세기 전반 그곳의 러시아인이 중국말과 책을 열심히 공부한 것도 사실이다.

신유박해로 조선 사신의 아라사관 방문이 전환기를 맞았다면, 아라사관 역시 이즈음 큰 변화를 겪었다. 러시아는 1795년 아라사관 안에 도서관을 만들고 만주어와 중국어 개인 교사를 고용해 한학 교육을 강화했다. 1807년에는 유학생으로 보내는 학생 신분을 대학생으로 높였다. 1818년, 북경 주재 러시아 사절단장이었던 비추린Nikita Yakovievich Bichurin은 새로운 유학생 양성 계획을 수립하고 러시아 황제 알렉산드르 1세의 비준을 받았다. 이 계획에 따르면 북경 유학생의 10년 학제를 3단계로 나누어 처음 5년 동안 중국어 실력과 번역 능력을 기르고, 6년째부터는 3년 동안 유교 경전인《사서四書》를 공부하며, 마지막 2년은 개인별로 전문적인 주제를 연구하도록 했다. 일종의 중국 전문가 양성 프로그램을 만들어 러시아 중국학의 초석을 다졌다.

중국에 대한 이해가 높아지니 자연스레 중요한 주변국인 조선에 대한 관심도 높아졌다. 비추린은 그의 저서인《중화제국의 통계적 개설》과《고대 중앙아시아 민족지》에서 조선을 소개했다. 1816년(순조 16)에는 아라사관을 방문한 조인영趙寅永과 필담을 나누기도 했다. 조인영은 삼절연공사의 부사인 조종영趙鍾永의 자제군관이었다. 이후 비추린에 이어 사절단장을 맡았던 카멘스키Paul Ivanovich Kamensky는 1827년(순조

27) 자제군관으로 북경에 온 홍석모와 아라사관에서 필담을 나눴다. 이
처럼 아라사관에서 조선인과 러시아인이 필담을 나눈 기록이 꽤 있다.

아라사관의 러시아인은 보통 10년에 한 번씩 교체되는지라 북경 사
정에 밝았다. 조선 사신에 대해서 어느 정도 알고 있었으며, 한국어를
조금 할 줄 아는 이도 있었다. 조선인의 초상화를 그려 준 이도 있었
다. 김경선은 《연원직지》에서 아라사관에 실물과 가까운 그림이 걸려
있었다고 하면서, 정사 서경보徐畊輔와 부사 윤치겸尹致謙이 초상화를
잘 그리는 혁 노야赫 老爺에게 청해 초상화를 그렸다고 했다.[33] 혁 노야
는 러시아 화가인 안톤 레가소프Anton Legašv이다. 원래 북경에 주재하
던 러시아 사절단에는 화가가 없었다. 그러나 러시아에서 중국학에 대
한 관심이 늘면서 중국 회화에 대한 관심 역시 증가했다. 이에 제국 예
술 아카데미Imperial Academy of Arts 원장 알렉세이 올레닌Alexey Olenin
이 사절단에 화가를 파견할 것을 요청했다.[34] 안톤 레가소프는 러시아
사절단 최초의 화가로 북경에 파견됐고, 북경에서 조선인을 만나 초상
화까지 그리게 되었다.

조선 사신과 러시아인은 빈번하게 교류했다. 하지만 그 교류는 비대
칭적이었다. 러시아인은 조선에 관해 많은 것을 알고 있었다. 조선말
도 조금 배웠고, 역사와 지리에 관한 기록을 남기기도 했다. 조선인에
게 러시아는 모피, 청동거울 등 사치품을 팔고, 19세기 들어 천주당을
대체한 유람 공간에 불과했다. 그저 호기심을 만족하는 데에만 그쳤고
러시아가 얼마나 크고 어디 있는지 정확히 알지 못했다. 그들의 학문
과 종교에 대해서는 거의 무지했다. 여전히 그들은 흉포하고 야만스러
운 이들이라 생각했다. 조선은 1650년대 청나라의 요청으로 흑룡강에
출병해 러시아와 전쟁을 치른 적이 있지만, 그 적이 러시아인지도 몰

랐다.

아라사관이 조선 사신에게 유람의 공간이 되어 가는 동안 변화의 시기가 오고 있었다. 1857년 제2차 아편전쟁이 발발했다. 영국과 프랑스 연합군은 거침없이 진격했고, 북경을 함락시켰다. 전쟁으로 함풍제는 열하로 피난을 갔다가 북경으로 돌아오지 못하고 죽었다. 이 시기 러시아는 교섭을 조정해 준다는 명분으로 이득을 챙겼다. 영국과 프랑스처럼 청과 진일보한 근대적 조약을 체결했다. 아라사관은 청나라의 관리에서 벗어나 러시아 공사관이 되었다. 더는 청나라 관리들의 관리를 받지 않았다. 러시아인은 조선 사신의 숙소에 난입해 행패를 부렸고, 황제가 타는 가마를 본떠서 만들어 타고 다니기도 했다. 천자의 수도에서 기고만장하게 날뛰었다. 이는 서양의 위협이 조선에 점점 다가오는 전조였다.

사신을 따라 청나라에 가다

"이 무슨 술수인고!"
러시아인이 찍어 준 사진

요즘은 사진을 찍을 수 있는 도구가 많다. 카메라뿐만 아니라, 휴대폰, 태블릿 등을 이용해 언제 어디서나 손쉽게 사진을 찍을 수 있다. 기술의 발달로 디지털 기기들은 카메라보다도 더 훌륭한 작품을 제공해 주곤 한다. 하지만 수십 년 전만 해도 사진은 일상을 담는 도구가 아니었다. 카메라는 꽤 고가의 물건이었다. 시간을 더 거슬러 오르면 사진은 귀한 물건에서 이국의 물건으로 바뀐다. 그것은 한국이란 나라에서 만들 수 있는 도구가 아니었다. 외국 기술로나 만들 수 있는 최신 수입품이었다. 좀 더 시간을 되돌리면 사진은 새로운 문명이었다. 한반도에 살면서 이해할 수 없는 매체였다. 개화기에 사진이 영혼을 잡아 간다는 풍설은 그렇게 만들어졌다. 이는 서양에 대한 부정적 인식과 서양 문명에 대한 무지가 합쳐져 탄생했다.

... 한국 최초의 사진,
유리판에 사람을 옮기는 마술

시간을 더 거슬러 올라가면 사진은 특수한 공간에서만 만날 수 있는 최첨단의 문물이었다. 외국에서나 만날 수 있는 존재였다. 그것을 오직 북경에서만 접할 수 있던 시절이 있었다. 현존하는 한국 최초의 사진은 1860년대 초 북경에서 촬영되었다. 이 사진은 현재 영국 소아즈SOAS(School of Oriental and African Studies)가 소장하고 있다. 총 6장인데 영국인 의사이자 선교사였던 윌리엄 로크하트William Lockhart가 북경에서 수집한 사진이다. 로크하트는 1838년 중국으로 와 광주, 마카오, 상해, 북경 등지에서 의료 선교활동을 펼쳤다. 그는 1861년부터 북경에 체류하였으며, 1864년 영국으로 돌아갔다. 이 시기는 제2차 아편전쟁으로 영국이 북경에 공사관을 세우고, 서양인의 내지 이동과 선교가 막 허용된 시기였다.

로크하트는 조선인 사진을 러시아 사진가로부터 입수한 것으로 보인다. 조선인 사진은 'CWM/LMS, China, Photographs, Box 13, File 79'에 포함되어 있다. 이 파일은 총 43장으로 로크하트가 1861~1864년 북경에서 활동하던 시기에 수집한 사진들이다. 이 사진들을 찍은 러시아 사진사의 초상사진도 있는데, 이는 조선인의 사진을 찍어 준 이가 러시아인이라는 얘기다. 19세기 아라사관이 조선 사신의 관광 명소였으니 전혀 이상하지 않다. 게다가 이 사진의 배경을 설명해 줄 기록도 있다. 바로 이항억의《연행일기》이다.

이항억은 앞서 북경에 도착하자마자 목욕탕에 몸을 담근 적이 있을 정도로 새로운 문화 체험에 과감했다. 그는 북경을 떠나기 열흘 전쯤

사신을 따라 청나라에 가다

러시아 사진사가 촬영한 조선 사신단 일원(SOAS 소장)

아라사관을 찾았다. 거기서 깜짝 놀랄만한 물건을 발견했다. 바로 정교한 '초상화'였다. '사람의 상을 그린 것'인데, 털 하나 틀리지 않고 마치 살아있는 사람으로 착각될 정도였다. 그는 크게 감탄하여 '모사模寫'해 줄 것을 청했다. 하지만 그가 그려 달라고 한 것은 그림이 아닌 인물사진이었다. 사진을 처음 보니 그림이라 생각할 수밖에 없었다.

부탁을 받은 러시아인은 밝은 날 아홉 시에서 열 시 사이에야 가능하니 다음 날 오라 했다. 다음 날 이항억은 일행 몇몇과 함께 아라사관을 다시 찾았다. 그는 동행 중 나이가 가장 많아 먼저 사진을 찍었으며, 그 과정을 상세하게 기록해 두었다.

그 사람은 탁자 하나를 내놓았다. 탁자의 모양은 우리나라의 말안장걸이처럼 생겼는데, 가로 나무의 양 머리에 유리로 장식하고, 청색 보자기로 탁자의 앞머리를 덮었다. 나를 탁자의 뒤쪽에 앉혀서 움직이지 않게 하고는 입으로 주문을 두어 번 중얼거렸다. 주언이 어떤 식으로 말했지는지는 알지 못했다. 말경에는 갱 중坑中으로 되돌아 들어왔다. 조금 뒤에 나가보니 그 사람은 탁자 앞머리를 덮었던 유리를 뽑고는 머리를 숙이고 서 있었다. 이윽히 있다가 유리를 다시 꽂고 어떤 것인지 알지 못하는 물건을 품속에 품어 사람들에게 보이지 않게 했다. 다시 갱 중에 서서 등불을 켜 두고 서서는 유리 한 조각을 항아리 물에 담갔다가 즉시 꺼내어 보여 주었다. 나의 전면이 유리의 면에 옮겨져 있는데, 7분 정도 옮겨진 것이 아니라 10분 다 옮겨졌다. 다시 갱 중에 좁고 긴 탁자 위의 정결한 곳에 놓고는 채색 있는 보자기로 덮었다가 다시 또 꺼냈다. 박홍명·오상준도 차례로 진상을 묘사했는데, 그 절차는 앞서와 같았다. 나의 진상을 모사할

조선 사신단 일원을 찍은 러시아 사진사 초상. 레프 이고레프로 추정

(SOAS 소장)

레프 이고레프는 사라토프Saratov주의 카마롭스키Komarovka에서 태어났으며, 사라토프 신학교를 졸업했다. 신학교 시절 그림에 재능을 보이며, 야코프 주교 등 교회 사람들의 그림을 그렸다. 이후 상트페테르부르크의 신학교의 미술교사로 일했다. 그곳에서 일하는 동안 제국 예술 아카데미의 수업을 들으며 재능을 꽃피웠고, 능력을 인정받아 북경으로 파견되는 러시아 사절단의 화가로 선발되었다.

때는 앉아서 움직이지 않았기 때문에 요량해서 볼 수가 없었으나, 박홍명·오상준을 모사할 때는 그 사람이 도로 갱 중에 들어간 때를 틈타서 탁자 앞머리에 덮인 보자기를 들고는 머리를 숙여 보았더니 저쪽에 앉은 박홍명이 탁자 앞머리에 있는 유리의 면에 거꾸로 서 있었다. 전체 모양이 아주 상반되었다. 이 무슨 술수인고! 입으로 주언을 중얼거리는 것은 아마도 환신幻身의 법인가.[35]

사람의 모습이 순식간에 유리판에 거꾸로 새겨졌다. 귀신이 곡할 노릇이었다. 러시아 사진사가 사진을 찍으며 중얼거린 것이 주문처럼 들렸다. 그것이 주문일 리 없다. 요즘에 사진 찍듯 하나둘 셋, 혹은 치즈 등의 얘기였을 것이다. 러시아어를 모르니 그 말뜻을 알 리가 없었다. 그저 마치 주문을 외우고 마술을 부리는 것 같았다.

사진은 바로 가지고 갈 수 없었다. 이항억이 목격한 촬영 기법은 1851년 개발된 클로디언 방식이었다. 이 기법은 유리판을 가지고 여러 번 인화할 수 있는 장점이 있으나, 인화에는 암실과 시간이 필요했다. 이항억은 며칠 뒤에야 사진을 찾을 수 있었다. 하지만 자신이 기대했던 것과는 달랐다. 매우 작은 종이에 인화되어 있었고, 컬러도 아니었다. 당시 컬러 사진은 없었다. 색을 덧칠할 수 있지만, 은 수십 냥이 들었다. 그 비용이면 실력 있는 화가를 찾아 초상화를 그리는 편이 더 나았을 것이다.

아라사관 아니 러시아 공사관의 사진사

　소아즈에 소장된 조선인 사진 중 이항억이 있을까. 그것은 모를 일이다. 로크하트가 1861~1863년 말까지 북경에 머물렀으니, 다른 사신단의 일원일 수도 있다. 이항억이 참여한 사절단의 사진이지만, 이항억만 빠져 있을 수도 있다. 그러나 로크하트가 체류하던 시기 조선인이 러시아인을 찾아 사진을 찍었다는 사실은 분명하다. 그렇다면 이 사진을 찍은 러시아인은 과연 누구인가. 영국의 유명한 사진 수집가이자 저술가인 테리 베넷Terry Bennett은 로크하트가 북경에서 수집했던 사진들을 레프 이고레프Lev Igorev가 촬영했다고 추정했다.[36]

　이고레프는 조선인의 초상화를 그려 줬던 안톤 레가소프처럼 화가 신분으로 사절단에 참여했다. 그가 속한 사절단은 1857년 4월 상트페테르부르크를 떠나 북경으로 향했다. 6월에 청과 러시아의 변경도시인 이르쿠츠에 도착했다. 하지만 국경을 넘을 수가 없었다. 1856년 애로호 사건으로 제2차 아편전쟁이 터졌기 때문이다. 1858년 6월 청이 러시아·영국·프랑스·미국과 천진조약을 맺은 후에야 북경으로 다시 향할 수 있었다. 이고레프는 1858년 9월 말에야 북경에 도착했다. 이후 1863년까지 체류했다. 이항억이 아라사관을 방문한 것이 1863년 초이니 이고레프가 사진을 찍어 줬을 가능성이 매우 크다.

　아라사관에서 촬영된 사진이 또 있다. 사진이 현재 전하지 않지만, 사진에 기초한 삽화와 기록이 1870년에 출판된 라파엘 펌펠리Raphael Pumpelly의 《아메리카와 아시아 횡단Across America and Asia. Notes of a five years' journey around the world, and of residence in Arizona, Japan, and China》에 나온다. 펌펠리는 미국의 저명한 지질학자이다. 그는 1861년 일본 막

부의 초청으로 일본을 방문했다가, 제2차 아편전쟁으로 서양인의 내지 여행이 허용되면서 중국까지 가게 됐다. 1863년 봄 장강長江과 장가구張家口 일대를 거쳐 여름에 북경에 도착하여 1864년 봄까지 머물렀다. 이후 시베리아를 횡단해 유럽을 거쳐 미국에 돌아갔다. 이 여정을 담은 책이 바로《아메리카와 아시아 횡단》이다. 이 책에는 조선 사절의 삽화 3장이 수록되어 있다. 한 명은 조선 특사이고, 다른 두 명은 사절의 수행원이었다. 펌펠리가 직접 그린 것은 아니었다. 1863년 겨울, 조선 사신이 북경에 왔다는 소식을 듣고 그들을 만나 조선의 사정에 대해 알아보고자 했다. 하지만 천연두에 걸려 뜻을 이룰 수 없었다. 러시아 공사관의 의사였던 포고제프P. Pogojeff로부터 조선 관원의 사진 몇 장을 받는 데 만족해야 했다. 포고제프는 제2대 청나라 주재 러시아 공사인 블랑갈리Alexander G. Vlangali를 따라 1863년 11월 북경에 부임한 의사였다.

펌펠리가 받은 사진의 주인공은 누구일까? 그가 북경에 머물 때 북경을 방문한 조선 사절단은 단 한 팀밖에 없다. 1863년(철종 14) 말에 파견된 진하사은 겸 삼절연공사였다. 이를 이끄는 이들은 정사 조연창趙然昌, 부사 민영위閔泳緯, 서장관 윤현기尹顯岐였다. 이들은 이항억 일행이 귀국한 이후 바로 다음에 파견된 사절단이었다. 수행원 삽화의 주인공은 알 수 없지만, '조선 특사' 삽화는 조연창일 것이다. 펌펠리가 포고제프로부터 받은 사진 중에 '수석 특사chief embassador'의 사진도 포함되어 있다고 밝혔기 때문이다.

여기서 한 가지 짚고 넘어 가야 할 사실이 있다. 이항억이 사진을 찍은 곳은 아라사관이었을까. 이항억이 '악라사관(아라사관)'이라 기록했으니 의심의 여지가 없어 보인다. 이항억 일행이나 조연창 일행 모두

《아메리카와 아시아 횡단》에 수록된 '조선 특사'와 수행원 삽화
〈Across America and Asia〉

지질학자인 펌펠리가 조선 사신을 만나고 싶었던 것은 조선 지리에 대한 궁금증 때문이 아니었나 생각된다. 그는 미국으로 돌아간 후 일본, 중국, 몽골 등지에서 진행한 지질 조사 결과를 논문으로 발표했다. 그 논문에서 중국의 광동廣東 부근과 주산군도舟山群島를 지나는 지질구조선이 한반도 남부로 이어진다는 가설을 주장하였다. 이는 그가 일본 에이치에서 광산 조사를 마치고, 중국으로 이동하는 도중 조선 해안을 지나면서 관찰한 결과이다. 그는 조선 사신을 접촉해 자신의 가설을 공고히하고 싶었으나, 사진으로 만난 조선 사신으로부터는 아무런 정보도 얻을 수 없었다.

예전에 아라사관을 찾았던 이들처럼 그곳을 찾았다. 그들의 인식 속에 그곳은 분명 아라사관이었다. 하지만 그곳은 이제 아라사관이라 부를 수 없었다. 제1차 아편전쟁 당시 영국과 프랑스가 북경에 외교사절 상주를 요구한 바 있다. 청나라는 전쟁에서 패했음에도 이 요구를 받아들이지 않았다. 하지만 1860년 제2차 아편전쟁으로 수도가 함락당하고 황제가 열하로 도망친 상황에서 더이상 그들의 요구를 거부할 수 없었다. 청나라는 영국·프랑스·러시아와 각각 '북경조약'을 맺었고, 서구 열강은 북경에 외교 공관을 세우고 외교사절을 상주시킬 수 있게 됐다.

아라사관은 러시아 공사관으로 변신했다. 이 변화는 1861년 여름 발루섹L. de Balluseck이 초대 러시아 공사로 북경에 부임하면서 일어났다. 하지만 아직 과도기에 있었다. 이를 잘 보여 주는 것이 이고레프이며, 이항억이 러시아 공사관에서 사진을 찍을 수 있었던 것도 과도기였기에 가능했다. 이고레프는 북경조약 체결 이전에 파견됐다. 1727년의 캬흐타 조약에 의해 정기적으로 파견되던 사절의 일원이었다. 그는 북경에 체류하며 북경조약 체결을 목도했고, 초대 러시아 공사를 맞이했다. 공사관은 정교회 성직자가 필요치 않았다. 이전에는 러시아 정부의 명의로 정교회 사절단이 파견됐지만, 이젠 외교와 정치가 분리될 수밖에 없었다. 1863년 겨울 새로운 공사인 블랑갈리가 부임했다. 그는 부임 전 세르비아 총영사를 역임했었다. 그의 부임은 공사관이 외교적으로 안정화에 들어갔음을 의미했다. 그는 아라사관 건물을 허물고 새롭게 공사관을 세웠다.

조연창 일행은 블랑갈리가 부임한 직후에 러시아 공사관을 방문해 운 좋게 사진을 찍을 수 있었다. 러시아 공사관을 새로 짓기 직전이었

사신을 따라 청나라에 가다

다, 이후에 조선 사신이 러시아 공사관에서 사진을 찍을 기회는 다시 오지 않았다. 러시아 공사관은 이제 청의 질서에서 완전히 벗어난 공간이었다. 이항억의 《연행일기》 이후 연행록에서는 '아라사관' 혹은 러시아 공사관의 기록이 전혀 나오지 않는다. 이것은 1801년 신유박해 이후 천주당을 더는 갈 수 없던 것과 비슷하다. 이후 영국, 프랑스, 러시아뿐만 아니라 다른 구미 국가들이 청과 조약을 체결하고 북경에 공사관을 세웠다. 북경 내 서양을 대표하는 공간이 크게 늘었다. 하지만 조선 사신이 갈 수 있는 곳은 거의 없었다. 시대가 변하고 있었다.

사진,
위험한 만남의 흔적

19세기 60년대 제너럴셔면호 사건, 병인양요, 오페르트 사건 등이 연이어 일어나면서, 조선 내 서양에 대한 반감이 고조되었다. 북경에 공사관이 생기며 서양 세력이 청나라 곳곳에 침투했다. 1864년(고종 원년) 역관으로 청을 다녀온 이상적李尙迪은 국왕에게 복명하는 자리에서 근래 러시아는 공사관을 확장하기 위해 민가를 빼앗듯이 사들이고, 다른 서양 오랑캐들은 동화문東華門 내 집을 사들여 건물을 짓고 있다고 보고했다. 서양인들이 속속 공사관을 세우는 것에 대해 "어두운 곳에 숨어 탐욕스럽게 주시하고자 하는 뜻이며, 천천히 침략해 들어가고자 하는 계획이다"[37]라고 경계했다.

사신을 따라 청나라에 가다

...서세동점 속에서 견디기 힘든 유혹

　　서양 세력이 가해 오는 위협도 조선 사신의 사진에 대한 호기심을 막지 못했다. 천주당을 가지 못하자 아라사관에 간 것처럼 말이다. 북경에 파견되어 프랑스 공사관의 통역관으로 일하던 장 드베리아Jean Gabriel Deveria는 1876년 《세계여행*Le Tour du Monde*》이라는 잡지에 〈북경과 중국 북방Pékin et le nord de la Chine〉이라는 글을 실었다. 드베리아는 현장감을 살리기 위해 여러 장의 삽화를 활용했는데, 그중 눈길을 끄는 삽화가 있다. 바로 프랑스 의사 모라쉬의 사진을 본따 그렸다는 '조선인'이라는 제목의 삽화다.

　　당시 신문이나 잡지는 사진 대신 주로 사진을 모사한 삽화를 이용했다. 비용 절감을 위한 방편이었다. 드베리아의 글에 실린 삽화도 사진을 모사한 것이었다. '조선인' 삽화의 모델이 된 사진을 제공한 사람은 조르주 오귀스트 모라쉬George Auguste Morache였다. 의사였던 그는 1864~1866년 북경 프랑스 공사관의 전속 의사로 활동했었다. 이 시기 조선인을 만나 사진을 찍었으며, 당시 중국에 와 통역관으로 활동하던 드베리아에게 사진을 준 것으로 보인다.

　　모라쉬가 어떤 연유로 조선인을 만나 사진 촬영을 하게 되었는지는 알 수 없다. 조선 사신들이 주동적으로 프랑스 공사관을 찾아가 찍었을 것 같진 않다. 제2차 아편전쟁 당시 북경이 영국과 프랑스에 의해 함락되면서, 서양에 대한 조선인의 반감과 두려움이 커졌기 때문이다. 병인양요 전 프랑스는 청나라에 조선에서의 선교활동을 주선해 주기를 요청했지만, 청나라는 속국의 내정에 간섭하지 않는다는 이유로 거부했다. 이때 북경 주재 프랑스 외교관들이 조선 사신에게 접근했을 가능성이 있으며, 양자가 접촉하는 과정에서 모라쉬가 사진을 촬영했을 가능성이 있다.

기록이 없으니 프랑스인이 조선인을 찾아간 것인지, 조선인이 프랑스 공사관을 찾아간 것인지 모를 일이다. 삽화를 보면 억지로 사진을 찍은 것 같진 않다. 이전에 조선 사신단 일원이 아라사관에서 사진 촬영을 한 뒤, 신기한 매체인 사진에 관한 소문이 알게 모르게 났을 것이다. 듣도 보도 못한 경험은 아니었을 것이다. 모라쉬를 만난 조선인은 자신도 사진을 한 번 찍어 보고 싶지 않았을까.

북경에는 그런 경험을 체험해 볼 수 있는 곳이 있었다. 당시 북경에는 전문적인 사진관은 없었지만, 총리아문과 같은 청나라의 기관이나 공사관에서 일하면서 겸업으로 사진관을 운영하는 서양인들이 몇몇 있었다. 영국인 토마스 차일드Thomas Child가 대표적이다. 그는 1870년부터 1889년까지 북경에 있던 해관 총무사에서 일하면서 사진관을 운영했다. 사진을 찍어 줄 뿐만 아니라, 자신이 찍은 사진을 서양의 잡지사나 애호가들에게 팔기도 했다. 그가 찍은 사진 중에는 1880년 즈음 촬영했을 것으로 추정되는 조선인 사진도 2장 있다.

1871년(고종 8) 겨울 사은 겸 삼절연공사에 참여해 북경에 온 이면구李冕九는 《수사일록隨槎日錄》에서 '사진관'에 간 경험을 기록했다. 1872년(고종 9) 음력 정월 초사흘 삼사와 함께 정양문 밖 '사진을 업으로 하는 집'을 방문했다. 정사 민치상閔致庠, 부사 이건필李建弼, 서장관 박봉빈朴鳳彬이 사진을 찍었다. 이면구 자신이 사진을 찍었다는 얘기는 없다. 하지만 그는 이항억과 달리 사진의 원리를 제대로 이해하고 있었다. 이항억은 사진 촬영을 '모사'한다고 표현했다. 반면 이면구는 '베낄

〈북경과 중국 북방〉의 조선인 삽화

(Le Tour de Mundo, vol.31, 1876)

모라쉬는 북경에서의 경험을 바탕으로 1869년 〈북경과 그 주민들Pékin et ses habitants〉이라는 글을 발표했다. 이 글에서 우연히 조선 사신의 관소를 목격했다고 밝혔는데, 조선인과 만났다거나 그들의 사진을 촬영했다는 내용은 전혀 없다. 그는 이국적 풍경에 대한 호기심으로 조선인을 촬영했을 뿐, 조선이라는 나라에 대해서는 큰 관심이 없었던 것으로 보인다.

탑攝'으로 설명했다. 붓으로 베끼는 것이 아니라 렌즈를 통해 모습을 찍어 내는 것이라고 했다. 만약 사진을 처음 봤다면, 이와 같은 원리를 이해할 수 있었을까. 이면구는 첫 사행이었지만, 사진이란 존재에 대해 어느 정도 알고 있었다. 이는 북경에 다녀온 사람들로부터 '사진'이 회자되고 북경에 가면 꼭 한 번쯤 해 봐야 할 기묘한 경험이었음을 보여 준다.

이면구 일행이 찾아간 곳은 중국인이 운영하는 곳이었을까? 그는 사진을 업으로 하는 이가 서양인인지 중국인인지 밝히지 않았다. 당시 북경에 사진을 업으로 하는 중국인은 없었다. 중국인이 운영하는 사진관이 생긴 것은 1890년대에 이르러서다. 이들 일행이 찾아간 곳은 토마스 차일드처럼 서양인이 운영하던 사진관이었을 것이다. 그렇다면 이면구 일행은 정말 대담하다. 이들이 북경에 도착한 것은 1871년 겨울, 미국이 조선을 침공한 신미양요가 일어난 지 얼마 안 되는 시점이었다. 흥선대원군이 전국에 척화비를 세우고, 서양인에 대한 반감이 팽배한 시기였다. 그런데도 삼사는 사진을 찍기 위해 서양인을 찾아갔다. 호기심을 참을 수 없었다. 다만 사진을 업으로 하는 자를 서양인이라 밝힐 수는 없었다.

사진을 찍으러 갔다는 기록만으로도 대단한 것이다. 이항억이 최초로 사진을 찍은 이후, 1894년(고종 31) 조선이 청에 마지막 사행을 보내기까지 40종에 달하는 연행록이 남아 있는데 사진 촬영 경험을 기록한 것은 이면구가 유일하기 때문이다. 연행록은 개인의 기록이기도 하지만, 귀국 후 주변 지인과 돌려보며 해외 체험을 공유하는 견문록이었다. 그렇기에 북경에서 사진 촬영은 새로운 문물에 대한 참을 수 없는 호기심의 발로였지만, 드러내고 자랑할 수 있는 경험은 아니었다.

이면구처럼 서양인을 접촉했다고 밝히지 않더라도, 사행을 다녀온 이라면 촬영자가 서양인이라는 것은 쉽게 짐작할 수 있었다. 적어도 조선이 1880년대 서양 각국과 조약을 체결하기 이전까지, 서양인과 접촉하는 것은 목숨을 위협할 수 있었다. 북경에 서양인이 늘어나면서, 서양인을 접촉하거나 서양 문물을 경험할 수 있는 기회가 늘어났지만, 조선 내 척화 분위기에서 그것을 드러낼 수 없었다. 조선 사신의 사진 경험이 잘 보여 주며, 기묘한 이국적 경험을 말할 수 있느냐 없느냐는 간단한 문제가 아니었다.

... 존 톰슨,
은밀한 접촉을 목격하고 사진을 남기다

1871년 스코틀랜드 사진가 존 톰슨이 북경에서 조선인 사진을 찍었다. 그는 싱가포르와 홍콩에서 사진관을 경영했으며, 1870년 말부터 1872년 영국으로 돌아가기까지 중국 내지를 여행하며 많은 사진을 찍었다. 그는 중국에서 찍었던 사진을 모아《중국과 중국인 도해집*Illustrations of China and Its People*》을 출판했다. 이 책은 여느 사진집과 크게 달랐다. 당시에는 사진만을 묶어 출판했다. 그런데 그의 사진집은 사진마다 설명이 달려 있어 독자들이 이해하는 데 도움을 주었다. '조선인'이라고 이름 붙은 사진에도 설명이 있었다.

조선은 중국의 조공국이다. 그 나라의 국왕은 독립 군주지만, 매년 조공 사신을 북경에 보낸다. 1871년 내가 마침 북경에 있을 때, 운

좋게도 이 사진 한 장을 촬영할 수 있었다. 이 두 명은 조선 관원이다. 나는 그들의 생김새가 유럽인의 특징을 가지고 있어 크게 놀라웠다. 이 사신과 그 종복들을 볼 때, 이러한 생김새는 그 민족의 보편적인 생김새로 보인다. 한 털의 더러움도 없는 옷을 입고 있었고 머리부터 발끝까지 모두 흰색이었다. 이처럼 정결한 모습은 내게 매우 인상적이었다. 그들이 거주하는 곳은 매우 깨끗하게 정리되어 있었고, 차마 바닥을 밟을 수 없을 정도였다. 벽에는 벽지가 붙어 있었고 모두 흰색이었다. 사신단 일행은 유럽인과 접촉하는 것에 매우 불안해했다. 한 번은 미국 외교관이 조선 수석 대신과 이곳에서 토론하는 것을 목격했다. 그들은 말이 통하지 않았지만, 중국인 통역을 쓰지 않았다. 한문 필담을 통해 대화를 진행했다.[38]

미국 외교관과 필담을 나눈 조선인은 누구였을까. 존 톰슨은 1871년 9월 초 천진을 거쳐 북경에 도착하여 촬영활동을 하고 1871년 11월 초순까지 북경에 머물렀다. 이 시기 북경을 방문한 정식 조공 사절단은 없었다. 조선이 실질적 사무가 있을 때 파견하는 재자행資咨行만 있었다. 재자행의 책임자는 역관으로 재자관資咨官이라 부르며, 당시 북경을 방문한 재자관은 이응준李應俊이었다. 그의 임무는 신미양요의 결과를 청나라에 보고하는 것이었다. 사진 속 인물이 이응준인지는 알 수 없다. 재자관 파견은 보통 4~10명으로 이루어져 다른 사람일 수도 있기 때문이다.

사진 속 인물도 궁금하지만, 서양인을 꺼리던 조선인이 어찌 미국 외교관을 만났을까. 이응준은 9월 10일에 예부에 신미양요의 경과와 조선의 입장을 담은 국왕의 자문을 북경의 예부에 제출했다. 이제 청나라

(Illustrations of China and its people, vol.4)

의 답변을 받아 돌아가면 그만이었다. 그런데 9월 23일 서양과의 교섭을 담당하는 총리아문의 수장인 공친왕恭親王이 미국 대리공사 사무엘 윌리엄스Samuel Wells Williams와 면담을 하며 대략적인 자문 내용을 알려줬다. 윌리엄스는 총리아문이 관여할 일이 아니라 당사국이 직접 처리해야 할 일이라며 조선 자문의 원문을 보길 원했으나, 총리아문은 바로 답하지 않았다. 10월 2일 총리아문은 조선 원정에서 돌아온 미국 공사 프레드릭 로우Frederick Low에게 조선 자문의 요지를 알리는 정식 조회를 보냈다. 10월 10일, 로우는 10월 2일 자 총리아문의 조회를 언급하며, 공적 외교에서 문서 전체를 전달받는 것이 관례이니 이응준이 가져온 자문의 원문을 요구했다. 흥미로운 점은, 10월 2일 총리아문 조회에서는 조선 자문이라고 할 뿐, 이응준 이름은 등장하지 않는다는 점이다. 이는 9월 23일 총리아문과 윌리엄스가 만난 이후, 미국 측은 조선 사신이 북경에 도착했다는 사실을 알았으며, 이후 다른 경로를 통해 이응준이라는 조선 사신에 대한 정보를 얻었다는 것을 보여 준다.

이응준을 만난 미국 외교관은 윌리엄스였다. 존 톰슨에 의하면 그들은 중국인 통역을 대동하지 않고 필담을 나누었다고 했기 때문이다. 윌리엄스는 1832년 선교사로 광동성 광주로 건너와 40여 년 동안 중국에서 일했다. 중국어에 매우 능통했으며, 미국 영사들이 한자를 잘 모르고 배우려는 의욕이 없는 것을 걱정하기도 했다. 그는 이응준에게 접근해 신미양요 문제를 당사국 간에 해결하고자 했다. 제너럴셔먼호 사건의 진상을 밝히기 위해 출발한 미국의 조선 원정은 실패했다. 일본처럼 조선을 쉽게 굴복시킬 수 있으리라 생각했지만, 현실은 녹녹치 않았다. 원정에 실패한 만큼 책임 소재를 분명히 하고 외교적 해결을 모색할 필요가 있었다. 이것이 바로 존 톰슨이 목격한 모습이고, 그가 찍은 사진의 뒷이야기다.

윌리엄스는 이응준으로부터 의미있는 이야기를 듣진 못했다. 이응순은 사사로이 외국 관원과 접촉해서는 안 된다는 '인신무외교人臣無外交'의 금기를 염려해야 했고, 어떠한 교섭 권한도 없어 조심스러울 수밖에 없었다. 결국 10월 10일 미국 공사 로우는 정식 조회를 보내 조선 국왕의 자문을 요청했고, 청나라는 조선 국왕의 자문을 로우에게 전달했다. 이후 내용을 두고 몇 차례 공방이 있고 난 뒤 사건은 일단락되었다.

이응준이 윌리엄스를 만난 이야기는 조선의 기록 어디에서도 찾아볼 수 없다. 기밀 사안이라 기록되지 않았거나, 여러 가지 사정으로 소실됐을까. 아니면 귀국 후 보고하지 않았을까. 보고하지 않았을 가능성이 매우 크다. '척화斥和' 분위기가 최고점에 달한 시점에서 서양인을 만났다는 것만으로 죄가 될 수 있기 때문이다. 조선이 '척화'를 내세우는 동안 서양과 관련된 정보나 지식을 접하지 못한 것은 아니다. 이응준과 같이 미국 외교관을 만난 이도 있었다. 그러나 그것은 조선으로 돌아가 숨겨야 할 이야기였다. 조선 사신들이 북경에서 사진을 찍었으나, 조선에 가 자랑할 수 없었듯이 말이다.

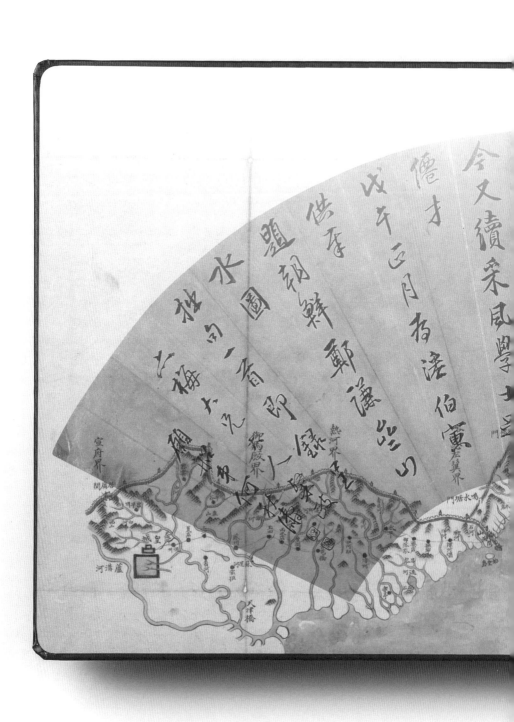

今又續柔風學士□□

僊才

戊午正月啚法□伯薕□□□界

供奉

題親鮮鄭謹□□

水圖即□□□界

杜句一看□□界

古梅□□□界

宣府界

關扁□

熱河界

響殿界

□□界

鳴水塘門

河蘆溝

聖州

天津橋

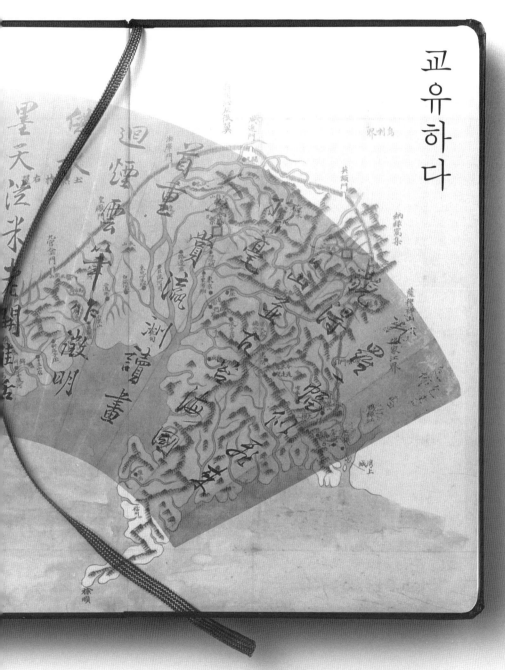

교유하다

우정을 전하는 선물

조선시대 선비들의 부채 사랑은 대단했다. 박지원은 《열하일기》에서, "우리나라의 풍속은 겨울 날씨에도 갓을 쓰고 눈이 와도 손에는 부채를 쥐고 있어 타국 사람들의 비웃음을 산다"[39]고 했다. 외국 사람들에게 이상하게 보일 만큼 조선 선비들은 부채를 사랑했다. 부채는 단순히 더위를 쫓는 도구가 아니었다. 품위를 보여 주는 하나의 장식품이었다. 선비들 사이의 우정을 나타내기도 했다. 아무것도 장식되지 않은 부채에 시문을 짓거나 그림을 그려 친한 친구에게 보냈다. 정을 표하는 하나의 방식이었다.

... 선면扇面에 시로 우정을 남기다

우정을 나누는 데 국경이 따로 있을 리 없다. 사행을 떠나는 선비들은 청나라 문인에게 줄 선물로 부채를 가지고 갔다. 청나라 문인과 필담으로 대화를 나누고, 부채로 성의를 표했다. 텅 빈 부채는 그림을 나누고 시문을 주고받는 우정의 공간이었다. 1831년(순조 31) 한필교韓弼敎는 장인어른 홍석주洪奭周를 모시고 청나라 사행길에 올랐다. 그는 북경에서 청나라 형부주사刑部主事인 이장욱李璋煜을 만나 필담을 나눴다. 그때 그가 차고 있던 새 장식의 청동검을 이장욱에게 선물로 주었다. 그러자 이장욱은 부채 3자루에 시문을 지어 보답했다. 이장욱은 홍석주와도 교류했는데, 홍석주가 떠날 즈음 부채에 시를 지어 석별의 정을 나눴다.[40] 역관으로 열두 번이나 청나라를 다녀온 오경석吳慶錫은 다섯 번째 사행 때인 1858년(철종 9) 정월 북경 유리창에서 하추도何秋濤를 만나 교유하였다. 하추도는 시를 지어 주고, 오경석은 답례로 매화를 그려 줬다.[41] 하추도는 선면扇面에 시를 지어 오경석에게 선물하기도 했으며, 둘의 우정은 그 이후에도 계속됐다.

... 선물에서 히트상품이 된
신약 청심환

조선 문인들이 남긴 연행록에 이와 같은 이야기가 많다. 그런데 연행록을 읽다보면 가끔 너무 고상한 게 아닌가 하는 생각이 들기도 한다. 양반들이 쓴 기록이기에 당연하다. 하인들이나 중인인 역

사신을 따라 청나라에 가다

청나라 문인 하추도가 조선 역관 오경석에게 준 선면
(과천 추사박물관 소장)

이 선면은 하추도가 오경석에게 선물한 것으로 병인丙寅 정월正月이 등장하는 것으로 보아, 1858년 만났을 때 준 것으로 보인다. 내용 중 흥미로운 것은 반조음潘祖蔭(호 백인伯寅)과 함께 겸재 정선의 산수도를 보고 제문題文을 지었다고 하는 것이다. 반조음은 서화와 금석문에 밝았고, 재력이 상당해 많은 소장품을 가지고 있었다. 그는 오경석의 스승인 이상적과 교류하였으며, 이를 계기로 오경석과도 교유하였다. 겸재 정선의 그림은 중국에서도 인기가 많았는데, 반조음은 오경석을 통해 그림을 입수한 것이 아닌가 하는 생각이 든다. 같은 그림인지는 알 수 없으나, 후일 이자명李慈銘 역시 반조음이 소장한 겸재의 그림에 제문을 지어 줬다(《白華絳柎閣詩》卷巳 〈朝鮮鄭謙齋山水畫幅爲潘伯寅大理祖蔭題〉).

관도 부채를 많이 가지고 갔을까. 그들이 남긴 기록이 없으니 알 수 없지만, 그랬을 것 같지는 않다. 그들은 양반들도 많이 챙겨 가는 청심환을 가지고 갔다. 청나라에서 인기가 많았기 때문이다. 김매순金邁淳이 쓴《열양세시기洌陽歲時記》에 따르면, "중국 북경 사람들은 청심환이 다 죽어 가는 병자를 다시 살아나게 한다는 신단神丹이라 하여, 우리 사신이 북경에 들어가기만 하면 왕공, 귀인들이 모여들어 구걸하지 않는 자가 없었다"[42]고 했다. 1816~1817년(순조 16~17)과 1821년(순조 21) 두 차례 정사 신분으로 청나라에 사행을 다녀온 이조원李肇源 역시〈청심환가淸心丸歌〉에서 청심환을 구하려는 모습을 "기뻐 날뛰고 땅에 엎드려 절하기도 하니, 죽을 뻔한 제 아비 병이 곧 나아서요. 목메어 울며 크게 탄식하기도 하니, 어미 병에 명약을 구하지 못해서라. 사람이 죽고 사는 것이 약에 달려 있으니, 도처의 수많은 사람들이 다투어 구하는구나"[43]라며 생동감 있게 묘사했다.

그런데 참으로 이상하다. 청심환의 원조는 중국이다. 원조를 놔 두고 동편의 소국에서 만들어진 '복제약'을 구했단 말인가. 조선의 청심환은 중국 것과 달랐다. 우황이 들어갔다. 허준이 편찬한《동의보감》에 나온 제조법을 보면 중국에서 전해진 제조법에 더 많은 약재를 더해 청심환을 만들었다. 특히 우황, 사향 등 비싼 약재가 많이 들어갈 뿐만 아니라, 감초, 계피, 물소 뿔 등 수입 약재가 들어갔다. 귀하고 비싼 재료가 들어가니, 우황청심환이 만들어진 초기에는 내의원 등 소수 관청에서만 만들 수 있었다. 19세기가 되면 많은 관청에서 만들어져 하급 관원에게까지 보급됐지만, 민간에서 흔히 만들 수 있는 물건은 아니었다.

청심환은 대량 생산이 가능한 물건도 아닌데 청나라에서 크게 유행했다. 어찌 유행이 시작됐는지 자세한 연유는 알 방도가 없다. 조선 사

사신을 따라 청나라에 가다

신이 청나라 관원에게 청심환을 뇌물로 주거나 교유하는 이에게 선물로 주면서 입소문이 났을 것이다. 조선에서 만들어지는 양이 적다보니 얻기 쉽지 않았을 것이다. 조선의 청심환을 얻기 위한 욕구는 더욱 커졌을 것이다. 이러한 욕구를 사행에 참여한 하인이나 상인들이 이용했다. 가짜 청심환을 만들고, 적극적으로 광고를 했다. 1860년(철종 11) 청에 다녀온 박제인朴齊寅은 《연행일기燕行日記》에서 청심환이 '신약'이 된 것은 하인배들의 상술에서 나온 것이라 했다.

> 옛날에 이놈들 중에는 환약을 가지고 마을을 돌아다니다가 제 뜻대로 팔지 못하면 같은 무리를 끌어다 서로 은밀히 "내가 청심환을 팔려는데 팔 길이 없으니 네가 조금 있다 잠깐 죽은 것처럼 해라"라고 말하면 곧바로 그중 한 놈이 거짓으로 토사곽란이나 전신경련이 일어난 시늉을 하며 혼절하여 인사불성인 체한다. 그러면 여러 놈이 모두 겁먹은 듯이 서로 부축하고 안마하며 짐짓 황망한 낯빛을 하여 위태롭고 안쓰러운 상황임을 보여 준다. 그러면 저들이 무수히 몰려와 역시 모두 아연실색한다. 그러면 한 놈이 자기 주머니 속에 있던 청심환을 꺼내어 환 하나를 냉수에 개어 죽은 사람 입속에 흘려 넣는다. 그러면 조금 뒤에 미약하게 기식이 있고 또 얼마 후엔 양기가 돌아오는 기색이 돌다가 점차 깨어나 더이상 병 기운이 없다. 저들이 서서 이 과정을 보면 자신도 모르게 속으로 깜짝 놀라 묵묵히 '이 약이 참으로 성약聖藥이구나' 생각하여 모두 사기를 원한다. 한두 번 소문이 나면 점차 서로 구매하려 하여 잠깐 사이에 여러 주머니에서 꺼내어 모두 고가로 팔린다. 이 때문에 청심환의 명성이 중국에 전파되어 저들이 우리나라 사람을 만난다면 반드시 고려 청심

환을 찾는다.[44)]

　참으로 기막히다. 쇼를 하고 돈을 편취하니 완전히 돌팔이 약장수다. 상황이 이러니 삼사나 사행에 참여한 양반으로부터 진짜 청심환을 구하는 일도 적지 않았다. 원재명은 1804년(순조 4) 사은 겸 삼절연공사의 서장관으로 사행을 떠났다. 건자포乾子浦에서 모친의 병환으로 간곡히 청심환을 구하는 이가 있었다. 많은 이들이 청심환을 파는데 자신에게 청하는 것을 보고, 다음과 같이 평했다.

> 의주 사람들이 매번 저질의 잡스러운 약재를 써서 가짜 청심환을 만들며, 그중 심한 자는 황토黃土와 꿀秫로 환을 만들어 금칠만 할 뿐인데, 마두와 역졸들은 이런 것을 사서 가지고 중국에 들어간다. 저들 역시 사기라는 걸 이미 알고 있어서, 대인大人들이 주는 것만이 진짜 청심환이라고 생각하는 것이다.[45)]

　가짜 약이 판치는데도 잘 팔렸던 걸 보면, 간혹 효과를 보는 이도 있거니와 중병으로 지푸라기라도 잡는 심정으로 청심환을 샀을 것이다. 당연히 고관대작들은 사신단의 하인에게 사지 않았을 것이다. 그들이야 쓸 수 있는 약도 많고 조선 사신에 선을 대어 진짜 청심환을 구할 수 있었을 테니 말이다. 주머니 사정이 어렵고 마음이 궁하면 쉽게 당하기 마련이다. 알면서도 말이다.
　너도 알고 나도 아는 가짜 약을 계속 가져다 파는 심사는 뭐였을까. 처음부터 탐욕을 부린 것은 아니었다. 청심환을 가져간 주된 목적은 개인의 여비 마련에 있었다. 사행 여정은 그리 편한 여정이 아니다. 참

　　　　　　　　　　사신을 따라 청나라에 가다

여하는 이들에게 충분한 보수를 주거나 여비를 준 것도 아니다. 힘든 여정의 대가는 무역으로 보답받지만, 제약이 많았다. 청나라 사람들이 좋아하고 상비약이자 간편하게 가지고 갈 수 있는 것이 청심환이었다. 쉽게 현금화해 사용할 수 있었다. 그렇게 가져간 것이 돈이 되기 시작하고, 너도나도 가져간 것이다.

정직하지 못한 방법으로 이문을 남기는 일은 오래가지 못했다. 점차 가짜 우황청심환을 가지고 가는 이가 많아지니 사행 중에 문제가 일어나기 시작했다. 판매하는 과정에서 진위를 두고 싸움이 나기도 했고, 가짜 우황청심환을 먹고 탈이 나는 사람들도 있었다. 청나라 사람들은 조선의 하인배나 상인이 파는 청심환을 점점 믿지 않았다.

19세기 중기 이후 조선의 국력이 점차 쇠하고 가짜 청심환이 널리 유통되면서 청나라에서 청심환의 인기도 점차 줄어들었다. 20세기에 들어선 이후에는 중국에서 한국 청심환의 인기를 찾아볼 수 없다. 인삼과는 매우 대조적이다. 중국에 인삼이 나지 않는 것이 아니다. 조선의 인삼은 품질이 좋았고, 새로운 제조법을 통해 홍삼을 만들어 내 청나라에서 인기가 많았다. 그 인기는 청나라가 망한 이후에도 계속 이어져, 지금까지 큰 인기를 누리고 있다. 장사라는 것이 본래 그렇다. 흥하기까지는 각고의 노력과 오랜 시간이 필요하지만 쇠하는 것은 순식간이다.

조선 사신 숙소 옆에 인삼국

2000년대 초 의주 상인 임상옥의 이야기를 다룬 드라마 〈상도〉가 큰 인기를 끌었다. 한 상인의 성장 드라마로 중국에서도 큰 인기를 끌었으며, 조선 상인의 이야기임에도 진정한 상인의 길이 무엇인가를 얘기할 때면 여전히 회자되곤 한다. 드라마의 인기에 힘입어 소설도 중국어로 출판되었다. 많은 분량은 아니지만, 중국과의 무역을 다룬 내용도 있어 당시 사행 무역을 엿볼 수 있는 좋은 드라마이다.

임상옥이 거상이다보니 드라마 〈상도〉에도 청나라와 무역을 다룬 내용이 담겨 있다. 이는 당시 조선의 대외무역이 어땠을지 상상할 수 있게 만들어 준다. 하지만 모든 사극이 그렇듯, 역사학자의 눈으로 보면 고증에 있어 적지 않은 문제가 있다. 가장 기억에 남는 옥에 티는 임상옥이 유리창에서 《사고전서四庫全書》를 사서 감격해 돌아가는 장면이다. 《사고전서》는 당시 지식을 집대성한 총서이다. 임상옥처럼은 아니지만, 나도 디지털 파일로 손에 넣었을 때 크게 감격했었다. 천하의 보배를 손에 넣은 기분이었다. 지금이야 DB로 구축되어 있어 쉽게 접근할 수 있다. 문제는 임상옥이 청나라를 드나들던 시기에《사고전서》는 살 수 있는 책이 아니었다는 점이다. 건륭제의 칙명으로 7부만 만들어져, 전국 각지에 보관되었다. 그 분량이 3만 6천 책이 넘으며, 한자로 8억 자에 달한다. 북경에서 조선으로 옮겨 가려면 마차 수십 대가 필요했을 것이다. 그런데 드라마에서는 책 보따리 달랑 하나만 들고 간다. 중국 국가도서관에 가면 작은 규모의 한 층 전체가《사고전서》로 둘러싸여 있다. 보따리 하나로는 부족해도 너무 부족하다.

... 임상옥과 인삼국 상인의 한판 승부

〈상도〉에서 가장 인상적인 장면은 임상옥이 북경에서 인삼을 태우는 장면이다. 조선의 주된 대외무역 루트는 사행을 통한 대청무역이었다. 사신과 함께 가는 역관과 상인이 대청무역을 주도했는데, 드라마에서 임상옥은 인삼무역 독점권을 가지고 있었다. 그런데 북경 상인들이 임상옥을 견제하기 위해 인삼 불매운동을 벌인다. 사신이 북경에 머무는 기간은 보통 길어야 40일 정도였다. 이 점을 이용해 인삼을 팔러 온 임상옥을 압박했다. 귀국 날이 가까워지면 어쩔 수 없이 헐값에 팔 것으로 생각한 것이다. 하지만 북경 상인들의 예측은 완전히 빗나갔다. 임상옥은 북경 상인이 보는 앞에서 "조선의 혼이 담긴 인삼을 헐값에 파느니 차라리 없애 버리겠다"며 인삼을 불태워 버렸다. 북경 상인들은 어쩔 수 없이 기존 가격보다 더 비싼 가격으로 남은 인삼을 사들였다.

임상옥은 북경 상인과의 한판 대결에서 승리했지만, 서로 손해를 강요하는 제로섬 게임이었다. 북경 상인이 배짱을 튕겼다면 임상옥은 큰 손해를 봤을 것이다. 장기적으로는 인삼 가격의 주도권을 북경 상인들에게 넘겨 줬을 것이다. 하지만 임상옥의 담력이 북경 상인보다 셌고, 드라마는 이를 높이 평가한다. 그런데 북경 상인들은 왜 담합했을까? 임상옥이 인삼무역 독점권을 가지고 있었기 때문이다. 어찌 보면, 갑 중의 갑인 수퍼갑이었다. 물론 임상옥도 이 독점권을 따내기 위해 조선에서 치열한 경쟁을 했다. 하지만 임상옥과 북경 상인의 관계에서 본다면 북경 상인은 항상 불리한 위치에 있을 수밖에 없다.

그렇다면 임상옥과 경쟁을 벌인 실제 북경 상인들은 어떤 이들이었을까? 이들에 관한 기록은 많지 않다. 연행록을 살펴보면, 조선 상인과 무역했던 북경의 점포는 20여 곳 되었던 것 같다. 북경 조선관 밖에는 조선 사신단과 장사를 하는 점포들이 있었다. 19세 초 이영득李永得은 조선관 밖 점포들의 풍경을 다음과 같이 묘사하고 있다.

> 우리나라와 장사를 하는 곳이 20여 곳 남짓 된다. 이들은 보녕국, 원태국, 광성국, 광녕국, 보태국, 영의국, 취태국, 동래국, 동태국, 삼합국, 삼의국, 영순국, 취성국, 만보국이라 부르는데, 다 기억하지 못한다. 점포 밖에는 빨간 종이에 '모 점포'라고 써 붙여 놨으며, 조선의 종이, 명주, 인삼, 해삼 등을 갖추어 놓고 판다.[46)]

이들이 파는 물건 중에서 주가 되는 상품은 단연 인삼이었다. 1855~1856년(철종 6~7) 북경에 온 서경순徐慶淳이 얘기하길, 회동관 "관문 밖 좌우의 몇 백 호 문미의 판대기에 천태天泰 인삼국이니 광성廣盛 인삼국이니 하는 명칭을 붙여 놓았으니, 모두 우리나라 물화를 서로 무역하는 곳이다."[47] 조선과 교역하는 청나라 상인들이 자신들의 점포명을 인삼국이라 할 정도니, 조선 인삼의 명성을 알 만하다.

사실 조선 상인과 청나라 상인 간의 관계는 이익을 위해 물고 뜯는 사이가 아니었다. 상인들이 더 많은 이문을 남기려 경쟁하는 것이 당연지사지만, 하나의 시장을 두고 경쟁하는 관계는 아니었다. 인삼국 상인은 조선 측과 우호적 관계를 맺었다. 이들이 조선 사신의 숙소 수리를 도와준 것만 봐도 알 수 있다. 조선 사신들은 산해관을 지나 홍화점紅花店에 도착하면, 정사나 부사의 일을 보좌하는 서자書者를 북경에 보내 조선관을 수리했다. 청나라 조정에서 조선 사신이 머무는 회동관의 보수와 북경 체류 기간 필요한 물품을 제공하긴 하지만, 오랫동안 비워 둔 회동관을 바로 들어가 사용하기에는 불편한 게 한두 가지가 아니었다. 이때 인삼국 상인들의 도움을 받아 수리하곤 했다. 사신들이 북경에 도착하면 인삼국 상인들은 조선 사신들과의 교류에 적극적으로 나섰다. 서경순은 북경에 온 지 하루밤에 되지 않았는데, 귀찮을 정도로 인삼국 사람들이 와 통성명을 해 방 밖에 '별행 상사의 종제 진사 난중 서해관 경순 연령 53세'라고 써서 붙여 놓을 정도였다.

... 교유의 공간이 된 인삼국

19세기 들어 조선 사신의 청나라 문인과 교유가 잦아지면서, 연행록에 인삼국 상인과의 필담 기록도 부쩍 늘었다. 18세기 후기 유리창 서점 주인과 대화가 많이 등장했듯 말이다. 점포 주인과 대화가 심도 있게 이루어지거나, 시문 교류가 이루어지거나 하진 않았다. 하지만 상인과의 필담은 청나라를 이해하는 좋은 통로 중 하나였다. 상인들만큼 세상사에 관심을 두는 이들이 없기 때문이다. 1853년(철종 4) 정사 신분으로 청나라에 다녀온 강시영姜時永은 이러한 점을 잘 알고 이용했다. 그는 이번 사행이 세 번째일 만큼 강시영은 조선 내 중국통이었다. 그런데 이번 사행은 이전과 조금 달랐다. 청나라 남방에서 일어난 태평천국의 난이 오래 이어져 청의 상황을 보다 주의 깊게 살필 필요가 있었다. 그는 북경에 있는 동안 관방 신문 격인《경보京報》를 읽으며 남쪽의 동태를 살폈고, 인삼국 주인과 필담을 나누며 은근히 태평천국 난의 상황을 묻곤 했다.

회동관 근처에 자리 잡은 인삼국은 조선 문인과 청나라 문인에게 만남의 장소를 제공하기도 했다. 오늘날도 그렇지만 외교사절이 머무는 곳은 아무나 들락날락 할 수 있는 곳이 아니다. 청대 회동관도 마찬가지였다. 회동관 문밖에는 출입을 엄히 금한다는 공고가 붙어 있었다. 출입문은 갑군이 지키고 있었다. 19세기가 되면 관리가 많이 느슨해졌지만, 청나라 사람의 출입이 쉬운 곳은 아니었다. 이렇다보니, 회동관에서 양국 문인이 교류하는 것은 거의 불가능했다. 인삼국 상인들은 회동관을 관리하는 예부 통관이나 갑군과 친분이 있어 상호간 연락을 이어 주는 매개 역할을 했다.

교류의 장소로 인삼국을 가장 잘 이용한 이는 이상적李尙迪이었다. 그는 김정희의 제자이자 역관으로 청나라에 수십 차례 다녀온 인물이다. 우리가 잘 아는 〈세한도〉를 청나라에 가져 가서 발문을 받아 온 이도 바로 그다. 그의 첫 연행은 1829년(순조 29)에 이루어졌다. 당시 서장관 조병구趙秉龜가 청나라 문인과 교류하면서, 보녕국寶寧局에서 연회를 연 적이 있는데, 이상적 역시 연회에 참석했었다. 이를 계기로 이상적은 청나라 문인과의 교유 장소로 인삼국을 적극적으로 활용했다. 조선과 청나라 문인들 역시 인삼국을 통해 교유하게 되었다. 조선 문인에게 관심이 있던 청나라 문인들은 조선 사신이 북경에 도착하면, 인삼국을 찾아 낯선 조선 문인에게 만남을 청했다. 조선 사신들은 인삼국을 방문했다가 우연히 처음 보는 청나라 문인과 만남이 이루어지기도 했다.

이러한 교유는 19세기 중엽 이후 더욱 두드러졌다. 서경순은 조선 문인과 활발히 교유하던 엽지선葉志詵을 만나 볼 요량으로 마두馬頭에게 사정을 물었다. 그러자 마두는 "10년 전만 해도 우리 사신들이 도성에 들어오면 도성 안 인사들이 모여서 만나 보았으나, 남쪽에 비적匪賊이 생긴 뒤부터는 외국 사람들과 서로 만나는 것은, 국가의 금령이 엄중해서 곳곳에 가로막고 지킬 뿐 아니라 조그마한 쪽지까지도 내왕하지 못하게 하며, 전부터 교분이 있는 사람이면 인삼국에서 모이기를 약속하고 잠깐 서서 말할 뿐입니다"[48]라고 했다.

여기서 엽지선은 김정희, 홍석주, 신위, 이조원 등 조선 명사와 활발히 교유하여 조선 내 유명한 청나라 문인이었다. 서경순도 "엽지선은 옹담계翁覃溪(옹방강)의 사위이며 그 글씨가 우리나라에 건너와서 집마다 모사해 붙여 놓아서 한 나라 사람처럼 아는데, 나만이 그 면목을 못 보고 돌아가니 한스러운 일이다"라 했다. 그런데 마두는 받아서 얘기하길, "이 엽 씨도 원래는 인삼국 상인이었는데 그 아들 명침名琛이 과거에 급제한 후에 요즈음 와서야 대가大家가 된 것입니다"라고 했다. "어떻게 알게 되었느냐?" 물으니, "인삼국 사람들이 많이 그런 말을 합니다"라고 답했다.[49]

마두의 얘기가 사실일까? 청조 유명 문사가 장사꾼이었다니, 조선 선비들은 이해가 잘 안 됐을 것이다. 엽 씨 가문이 인삼국 상인이었는지 알 방도가 없지만, 약방을 한 것은 사실이다. 그것도 보통 약방이 아니었다. 엽 씨 집안은 엽개태葉開泰라는 약방을 운영했는데, 19세기부터 민국 시기까지 동인당同仁堂과 함께 중국 4대 약방으로 불릴 정도로 유명한 약방이었다. 그리고 엽 씨 가문의 고향인 무한武漢에서 지금도 유명한 약방으로 통한다. 그런데 이런 얘기를 조선 문인 중 언급하는 이가 하나도 없다. 엽지선과 교류하는 이들은 다 알고 있을 법한데 말이다. 어쩌면 상인 집안과 교유한다고 얘기하는 것이 양반네들에게는 체면 상하는 일이었는지도 모른다. 혹은 유명 문사가 상인 집안 출신이었을지는 꿈에도 상상 못 했을 수도 있다.

중국에는 양반과 중인 같은 신분 구분이 없었다. 엽 씨 가문처럼 장사를 업으로 삼으면서도, 자손들을 교육시키고 그중 뛰어난 아이들은 과거를 보도록 했다. 마두가 언급한 엽지선의 아들 엽명침은 26세에 진사에 합격했으며, 광동성과 광서성을 관할하는 양광총독兩廣總督까지 올라갔다. 인삼국 상인들도 엽 씨 가문처럼 고위직을 배출하진 못했더라도, 학문적 소양이 있고 가문 중에 과거에 합격해 관직에 진출한 이도 있었을 것이다. 조선 사신과의 관계를 봐도 그들은 단순히 이문만을 좇는 이들이 아니었다. 그들은 사람을 통해 장사를 했고, 사람들이 교유하는 장소를 마련해 주기도 했다.

부유한 금석학자와 교유하다

여행에는 돈이 든다. 비용을 감내할 수 있어야 여행을 즐길 수 있다. 사행도 마찬가지다. 여정이 길고 고되다. 청나라는 조선보다 물가도 훨씬 비쌌다. 그런데 연행록에서는 경제적으로 압박을 받은 흔적을 찾아볼 수 없다. 나랏돈으로 가는 것이라 그런지, 아니면 떠나기 전 친지들이 도움을 줘서 그런지, 원래 잘 살았는지 각자의 사정은 달랐을 것이다. 연행록을 남긴 이들은 마음껏 구경하고 기록했다. 청나라 문인과 선물을 주고받으며 사귀었다. 활동이 비교적 자유로웠던 18세기 후반 이후에는 그랬다.

... 살기 팍팍한 북경에서의 금석학자

북경에 온 조선 사신만 돈이 필요한 것은 아니었다. 북경에 사는 청나라 사람들도 적지 않은 돈이 필요했다. 조선 사신과 주로 교제했던 한족들은 더욱 그랬다. 한족에게 북경은 고향이 아니었다. 관직에 있거나, 과거를 보거나, 장사를 위해 잠시 머무는 곳이었다. 북경에 몇 대째 사는 이들은 많지 않았다. 지금도 그렇지만, 사람이 많이 몰리다보니 집값이 비쌌다.

중국에서 존경받는 역사인물 중 한 명인 증국번曾國藩도 진사에 합격해 중앙 관직에 임명됐지만, 북경의 비싼 물가 때문에 부임을 주저했다. 친척들이 십시일반 도와주고 설득해 북경에서 관직생활을 시작할 수 있었다. 1841년 증국번은 방 18개가 있는 집을 빌려 살았는데, 1년 집세가 은 160냥이었다. 당시 증국번이 이것저것 다 합쳐 받는 녹봉은 120~130냥 정도였다. 집세가 녹봉보다 훨씬 많았다. 박봉에 사치를 부린 것이 아닌가. 북경 관원은 체면을 중시했기에 청렴하고 검소했던 증국번도 어쩔 수 없었다. 그는 일 년에 천 냥 정도 썼다. 녹봉의 7배가 넘는 돈이다. 그런데 집값은 가장 큰 지출이 아니었다. 그의 1년 경비 중 약 16퍼센트를 차지했는데, 두 번째로 많은 항목이었다. 집값보다 사교생활에 더 많은 돈을 썼다. 사례금 및 경조사비에 17.3퍼센트, 손님 초대 비용에 6.9퍼센트를 썼다. 인맥 관리에 꽤 많은 돈을 지출한 것이다.

박봉에 시달리던 증국번은 어디서 돈이 났을까. 둘 중 하나다. 부정부패를 저질렀거나 빚을 졌거나. 가난하면서도 청렴하기로 소문난 증국번은 적지 않은 빚을 졌다. 증국번의 사례가 특이한 것은 아니다. 일반적인 북경 관료사회의 풍경이다. 녹을 먹는 이들만 돈이 많이 드는 것이 아니었다. 과거를 준비하는 이들도 마찬가지였다. 이들은 지방 시험을 모두 통과하고 북경에 와 시험을 준비하는 이들이었다. 숙식을 해

사신을 따라 청나라에 가다

결해야 했고, 책도 사야 했으며, 사람들을 만나 분위기도 살펴야 했다.

증국번 같은 사람은 조선 사람과 사귀기 쉽지 않았다. 조선 사람들과 교유할 경제적 여유가 없기 때문이다. 스치듯 만나는 사람이면 모르겠지만, 몇 번 만나게 되면 선물도 주고, 초대도 한번 해야 하지 않겠는가. 이것은 자신의 생활 밖에 있는 부수적인 지출이다. 자기 생활에는 전혀 도움을 주지 않는 관계를 위한 지출이었다. 조선 사신이 북경에 와 있는 동안 잠깐 보고, 그들이 귀국한 후에는 서신을 주고받는 관계가 무슨 도움이 되겠는가. 그것을 감내할 수 있는 이들만이 조선 문인과 지속적으로 교유할 수 있었다.

조선 사람과 교유에 가장 많은 돈을 쓴 이들은 금석학자이다. 금석학은 고증학의 한 분야로 청동기 등과 같은 금속 기물이나 비석에 새겨진 문자나 기호, 그림 등을 연구하는 학문이다. 명말 청초 형이상학적 문제에만 매달려 현실과는 점점 괴리되어 가는 성리학에 대한 비판에서 고증학이 발전했다. 청초 고증학자들은 경전을 맹신하는 것이 아니라, 실증적으로 분석해 왜곡되지 않은 고대 사상을 복원하고자 했다. 이후 고증학은 청조의 주류 학문으로 자리 잡았으며, 고증학의 실증적 방법이 강조되면서 금석학도 크게 발전했다. 19세기 전반 북경에서도 금석학 열기가 대단했다.

금석학은 경제적 여유가 없으면 공부하기 쉽지 않은 학문이었다. 연구를 위해 유물이나 탁본이 필요했기 때문이다. 박물관이나 도서관이 있던 시절이 아니니, 개인이 소장하거나 빌려야 했다. 금석학의 열기가 뜨겁지 않을 때는 쉽게 구할 수 있었다. 점점 많은 이들이 관심을 가지고 수집에 열을 올리며 경쟁이 치열해졌다. 너도나도 찾게 되면 자연스레 가격이 오르기 마련이다. 골동품 시장이 조성되고, 가짜 청동기나 탁본을 만들어 내는 일도 생겨났다. 청나라 중·후기의 일이다. 게다가 청동기 유물이나 비석은 전국 각지에 산재해 있었다. 지금이야 교통이 편리하지만, 찾아 나서는 일도 만만치 않았다. 인맥을 동원해 좋은 물건을 구할 수밖에 없었다. 19세기 초 장정제張廷濟가 쓴《청의각 소장 고기물문淸儀閣所藏古器物文》을 보면 이러한 사정이 잘 드러나 있다. 이 책은 그가 직접 수집한 고대 문물의 금석문을 정리한 책으로, 입수 과정과 가격이 상세히 적혀 있다. 청동기의 경우 은 20～30냥을 넘어서는 것이 보통이었으며, 비석 탁본의 경우 직접 현지 조사를 하거나 폭넓은 인맥을 통해 입수했다.

... 부족함 없는 금석학 교유

치열한 경쟁 속에서 금석학자의 관심이 조선에까지 뻗쳤다. 조선의 금석문은 청나라에서 학자들이 잘 알지 못하는 희귀 자료였다. 조선 문인과의 교유를 통하지 않고서는 구하기 힘들었다. 김정희의 스승인 옹방강翁方綱의 아들 옹수곤翁樹崑은 금석문 전문가로 조선 문인에게 귀한 선물을 하며 조선 금석문 수집에 열을 올렸다. 1814년 홍현주洪顯周에게 중국에서도 구하기 힘든 〈화도사비化度寺碑〉 등의 탁본을 선물로 보내면서, 자신이 구하고자 하는 비석 탁본의 목록도 함께 보냈다. 그뿐만 아니다. 그는 "부탁드린 고비古碑는 제게만 보내 주시면 물건이 제자리를 찾는 것입니다. 경솔하게 다른 친구에게 보내서 제가 좋아하는 것을 빼앗기는 일이 없도록 해 주십시오."[50]라고 부탁했다. 심지어 자신이 보낸 목록을 자리 옆에 붙여 두고 항상 관심을

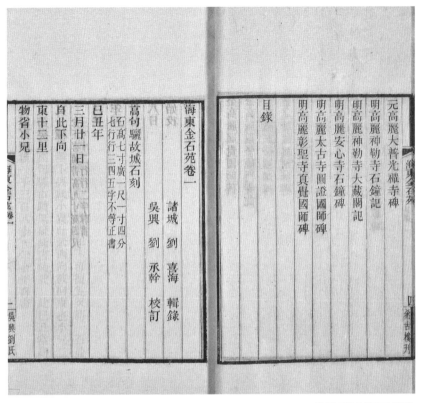

海東金石苑卷一

諸城　劉　喜海　輯錄

吳興　劉　承幹　校訂

敍質

八日

高句驪故城石刻

右高七寸廣一尺一寸四分

每行七行三四五字不等正書

巳丑年

三月廿一日

自此下向

東十二里

物省小兒

目錄

元高麗大普光禪寺碑

明高麗神勒寺石鐘記

明高麗神勒寺大藏閣記

明高麗安心寺石鐘碑

明高麗太古寺圓證國師碑

明高麗彰聖寺真覺國師碑

유희해의《해동금석원》
(국립중앙박물관 소장)

유희해가 편찬한《해동금석원》은 여러 판본이 있다. 중국에서 많은 사람이 한국의 금석문에 관심을 가졌기에 가능한 일이다. 오늘날 가장 잘 알려진 판본은 20세기 전반 유승간劉承幹이《해동금석원》 초본을 저본으로 여러 판본을 대조하여 교감한 책이다.

가져 달라고 했다. 이 정도면 병이라고 해도 과언이 아니다.

조선 금석문을 적극적으로 수집한 이로는 유희해劉喜海, 이장욱 등의 금석학자가 있었다. 유희해와 이장욱은 모두 산동 제성諸城 출신으로 좋은 가문에서 태어났다. 유희해 가문은 건륭 연간 11명의 진사를 배출하였으며, 그의 증조부 유통훈劉統勳은 대학사를 지냈고, 아버지 유환지劉鐶之는 호부상서, 순천부윤을 지냈다. 종조부는 대학사를 역임했고 서화로 유명했던 유용劉墉이었다. 이장욱의 집안은 중앙에 진출하지 않았지만, 그의 할아버지와 삼촌을 비롯해 여러 명의 진사를 배출해 제성에서 매우 유명한 가문이었다. 좋은 가문의 유희해와 이장욱은 북경에서 경제적으로 부족함이 없이 폭넓은 인간 관계를 맺으며, 금석문을 수집하고 연구했다. 조선 금석문에 관한 관심도 대단해 19세기 전반 김정희, 김명희, 김노경, 조인영, 조병구, 김선신, 조수삼, 신재식, 홍석주, 한필교, 정원용, 이상적 등 조선 문인과 교유하며 조선 금석문을 수집했다. 이러한 교유를 바탕으로 유희해는 《해동금석원海東金石苑》과 《해동금석존고海東金石存攷》를, 이장욱은 《동국금석문東國金石文》을 펴냈다. 교유를 학문의 영역으로 끌어올린 것이다.

산동 출신 금석학자 외에도 앞서 잠깐 언급했던 엽지선이 조선 문인과 적극적으로 교유했다. 1790년 진사가 되어 오랫동안 북경에서 관료생활을 한 아버지 엽계문葉繼雯 덕분에 당대 최고 학자였던 옹방강과 유용의 서재를 드나들며 안목을 키우고 많은 문인과 교유할 수 있었다. 특히 금석문에 관심이 많아 옹방강과 가깝게 교유하였으며, 금석문에 심취해 있던 옹수곤과도 친하게 지냈다. 어떤 연행록을 보면 옹방강의 사위였다는 얘기도 있는데 사실이 아니다. 하지만 그만큼 옹방강과 엽지선의 관계는 각별했다. 그는 옹방강과 김정희가 사제지간이 되는 계기를 통해 조선 문인과 교유하기 시작했다. 이후 교제 폭을 넓혀 가며 조선 금석문을 모았고, 전해지지 않지만《고려비전문高麗碑全文》을 펴냈다.

엽지선의 금석문에 대한 열정으로 조선 문인들이 중국 금석문 학계에 등장할 뻔한 일이 있었다. 엽지선은 1845년 섬서성에서 출토된 주나라 선왕宣王 시기의 청동 기물인 '수계기정遂啓祺鼎'을 은 300냥이라는 거금을 주고 샀다. 증국번의 2년 치 집세에 해당하는 가격이다. 이렇게 귀한 물건을 구했으니 주변에 자랑하고 싶었을 것이다. 그는 탁본을 뜨고, 지인 43명으로부터 기념하는 시와 글을 받아《주수정도관지周遂鼎圖款識》라는 책으로 엮었다. 그뿐만 아니라, 이상적을 통해 탁본을 김정희, 김명희, 신위, 권복인, 조인영에게 보내고, 기념하는 문장을 부탁했다. 순조롭게 일이 이루어졌다면, 조선 문인들의 문장이 들어간《주수정도관지》증보판이 나올 수도 있었다.

증보판은 나오지 못했다. '수계기정'이 가짜라고 판명났기 때문이다. 저명한 금속학자이자 유희해의 사위였던 진개기陳介祺는 친구였던 오식분吳式芬에게 기물에 새겨진 글자 133자 중 9자를 제외하곤 조작된 거라고 알려 줬다. 엽지선이 고증한 금석문이 백여 건이 넘었다. 그런데 뻔히 보이는 조작도 눈치채지 못했다. 욕심이 눈을 가린 것이다. 엽지선이 북경의 금석학계에서 조롱거리로 추락하는 순간이었다. 이것이 조선에 알려졌다면 국제적 망신이었다.

19세기 중반이 되면 조선 금석문에 관한 관심이 조금 시들해진다. 조선 금석문은 주로 비석에 집중되어 있었는데, 조선이 큰 나라가 아니니 이목을 끌 만한 새로운 금석문이 나오기 쉽지 않았다. 더 근본적인 이유는 도를 외면한 채 실증에만 치중하는 고증학에 대한 비판이 일어났다. 아편전쟁, 부정부패, 천재지변, 민란 등 내우외환 속에서 한가로이 고증만 하며 살 수는 없었다. 세상에 실질적인 도움이 되는 경세치용의 학문이 필요했다. 시대가 변화면서 교유의 관심사도 변한 것이다.

사신을 따라 청나라에 가다

북경에서 꿈을 펼친
역관 이상적

추사 김정희는 19세기 조선 최고의 문인이자 한·중 문화 교류의 꽃을 피운 인물이다. 젊은 시절 옹방강을 스승으로 모시며 청나라 문인과 교유를 넓혀 갔다. 하지만 1840년(헌종 5) 제주도 유배라는 고난에 부딪힌다. 세도정치의 파워게임에서 밀려난 것이다. 북경에서 이름이 드높아지고 있던 참에 청과 교유의 끈이 완전히 끊어질 위기를 맞았다. 그때 끈을 붙잡아 준 이가 바로 이상적이다.

추사의 제자로 청나라 문인을 만나다

이상적은 9대에 걸쳐 30여 명의 역관을 배출한 중인 명문 가인 우봉 이 씨 집안에서 태어났다. 가풍을 이어받아 일찌감치 역과에 합격했으며, 25세가 되던 1829년(순조 29) 청나라로 첫 사행을 떠났다. 1864년(고종 원년) 마지막 사행까지 총 12차례 청나라에 다녀왔다. 36년간 3년에 한 번꼴로 중국에 다녀온 셈이다. 보통 사행길이 반년 정도 걸리니 대략 6년 넘는 시간을 사행길에서 보냈다.

그는 북경에서의 시간을 헛되이 보내지 않았다. 청나라 문인과 활발하게 교유했다. 그가 교유한 이들은 조선의 그 누구보다도 많았다. 열두 번이나 북경을 다녀오다보니 사귐의 정도 깊었다. 넓고 깊은 교제 속에서 자신의 재기를 인정받아, 북경에서 자신의 시집인《은송당집恩誦堂集》을 출판했다. 자신의 인맥 속에서 김정희의 〈세한도〉를 '재탄생' 시켰다. 수십 명의 청나라 문인과 함께 〈세한도〉를 감상하였고, 그들이 써 준 제발문은 그림 속의 짙은 외로움을 뒤덮었다. 〈세한도〉가 외로이 남지 않고 국보가 되어 오늘날까지 많은 사랑을 받는 데 가장 큰 공을 세운 이가 이상적이라고 해도 과언이 아니다.

그가 처음부터 적극적으로 청나라 문인과 교유했던 것은 아니다. 역관 명문가에서 태어났지만, 중인이라는 태생적 신분을 바꾸는 것은 불가능했다. 역관은 청나라를 드나들며 선진문물을 경험하고, 무역에 참여하며 현실감각을 익혔다. 하지만 신분적 한계로 자신의 재능을 꽃피우기는 힘들었다. 19세기 신분층의 동요가 일어났지만, 신분 간의 경계가 무너진 것은 아니었다. 이상적은 운이 좋았다. 김정희라는 대단한 스승이 있었기 때문이다. 19세기 초 북경 문단에서 이름난 조선인이 셋 있었으니, 바로 박제가, 김정희, 신위였다. 이 중 가장 으뜸은 김정희였다. 김정희는 문예에 조예가 깊어 많은 청나라 문인들이 교유하고 싶어 했다. 하지만 그는 많은 인물을 사귀기보다는 깊게 사귀길 원했다. 어쩌면 이러한 태도가 그를 더욱 드높였는지 모른다. 이러한 스

사신을 따라 청나라에 가다

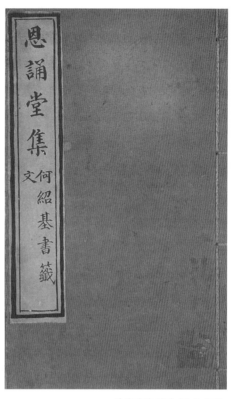

이상적의 시집《은송당집》
(국립중앙박물관 소장)

조선시대 생전에 시문집을 출판하는 것이 흔한 일도 아니었지만, 이상적이 조선이 아닌 북경에서 시집을 낸 것은 역관이라는 신분과도 밀접한 관계가 있다. 시를 쓴다는 양반네 중에서 역관이 쓴 시를 읽을 이가 몇이나 되겠는가. 1829년 사행 당시, 이상적은 정사의 수행원인 권식權寔, 서장관의 수행원인 조수삼趙秀三과 함께 시를 수창했고, 이를 기록했다.《은송당집》에는 〈조수삼이 권식의 시에 차운한 것에 답하다答趙芝園次權命汝韻〉는 시가 수록되어 있다. 그런데 당시 권식의《수사일록》과 조수삼의《기축연행시》에는 둘이 수창한 시가 수록되어 있지만, 이상적의 시는 빠져 있다. 단순한 우연은 아닐 것이다.

승을 둔 이상적은 첫 사행부터 김정희의 서신 심부름을 하게 된다. 이를 계기로 청나라 문인들과 인연을 맺기 시작했다.

... 〈세한도〉 감상 모임이 준 기회

인생의 전환점이 되는 계기는 1836년(헌종 2) 세 번째 사행에서였다. 이번 사행에서도 김정희의 서신을 부탁받아 청나라 문인 왕희손汪喜孫에게 전달했다. 청나라에는 양반과 중인, 양인을 가르는 신분제가 없었다. 그렇기에 왕희손은 이상적에게 "나라는 선비를 중히 여기니, 왕공王公과 빈천한 자가 함께 앉아 형제처럼 보일 수 있습니다. 조선의 엄한 예법은 경모하는 바이지만, 사신으로 청국에 오셨으니 이곳 풍속을 좇아 어진 이를 예로 대해 주시길 바랍니다"[51]라고 얘기해 주었다. 자신의 신분에 머뭇거렸을 이상적은 왕희손의 말에 용기를 얻었고, 황작자黃爵滋, 진경용陳慶鏞 등과 교분을 맺었다. 이들은 북경의 '강정江亭'을 중심으로 한 문인 교류활동의 중심적인 인물이었다. 여기서 '강정'은 도연정陶然亭으로도 불리며, 그곳은 현재 도연공원이 되었다. 주변 경관이 수려해 북경 내 명소로 유명하다. 강정을 중심으로 한 문인 모임은 서보선徐寶善과 그의 친구인 황작자가 발기했다. 첫 모임은 1829년 삼월 이십팔일 '강정전춘江亭餞春'이라는 이름으로 열렸으며, 1841년까지 모임이 이어졌다. 당시 북경에서 가장 영향력 있는 문인 모임 중 하나였다.

이상적은 유배 중인 스승님 덕분에 북경 문단의 중심에 발을 내딛었다. 이후 청나라 문인과의 교류를 끊임없이 확장해 나갔다. 1844년(헌종 10) 사행에서는 청나라 문인들과 함께 〈세한도〉 감상 모임을 성사시켰다. 이전부터 교유가 있던 장요손張曜孫과 오찬吳贊의 적극적인 주선으로 열린 이 모임에 참석한 청나라 문인만 해도 17명이었다. 참석한 이들 중 발기된 지 얼마 안 된 '고사수계顧祠修褉' 동인이 7명이나 되었다. 이후 고사수계 동인은 이상적이 더 도약할 수 있는 새로운 교유 네트워크가 되었다. 1857년 교유한 청나라 문인들을 그리워하며 〈속회인시續懷人詩〉라는 시를 지었는데, 여기에 등장하는 60명의 인물 중 25명이 '고사수계' 동인이었다.

고사수계가 무엇이기에 이상적의 교유 중심이 되었을까. 고사수계는 청초 사상가인 고염무顧炎武를 흠모하는 후학들이 그의 경세치용 정신을 받들어 매년 봄과 가을 그리고 고염무의 생일에 제사를 올리던 모임이었다. 1840년대 북경에선 고증학에 대한 비판이 일어나고 경세치용의 학풍이 유행했다. 이를 주도한 그룹이 바로 고사수계 동인이다. 1843년 하소기何紹基와 장목張穆 등이 주축이 되어 고염무가 북경에 머물며 《일지록日知錄》을 썼던 자인사에 고염무 사당을 세웠다. 다음 해 이월 이십사일 첫 제사를 시작으로 1873년 마지막 제사까지 총 85차례의 제사가 열렸다. 30년 동안 제사에 참여한 문인 수만 해도 286명에 이르렀다. 이러한 제례활동은 단순히 의례로 그친 것이 아니다. 청나라가 처한 위기를 그대로 반영하고 있다. 내우외환을 타개하기 위해서는 현실과 동떨어진 학문이 아닌, 현실을 바꿀 경세치용의 학문이 절실했다. 고사수계는 이러한 개혁 지식인들을 묶어 주는 역할을 했다.

고사수계가 막 만들어진 시점에서 〈세한도〉 모임이 있었고, 그 동인들이 감상하러 왔다니 우연치고는 참 기막히다. 개혁적인 지식인들이 외국인과 교유에 더 열린 마음을 가지고 있었던 것이 아닌가 하는 생각도 든다. 어찌되었든 이상적은 북경의 주류 문인 그룹에 한 발 더 들어갈 수 있었다. 이를 통해 강한 자신감을 얻었고, 1847년 사행 때는 《은송당집恩誦堂集》이라는 자신의 시집을 출판했다. 북경에 머문 짧은 기간 동안 준비해 출판했다니 매우 놀라운 일이다. 그전부터 준비하고 있었다 해도 쉬운 일이 아니다. 교제하던 청나라 사람들이 적극적으로 도와주었기에 가능한 일이었다.

... 뛰어넘을 수 없는 신분의 벽

그의 인맥이 빛을 발한 것은 변무사辨誣使의 수역首譯으로 참여한 1863년 사행에서다. 변무사란 중국에서 조선을 곡해하는 일이 있을 때 사실을 바로잡기 위해 파견하는 사신이다. 대표적인 예가 종계변무宗系辨誣이다. 명나라의 《태조실록》과 법전인 《대명회전》에는 이성계가 이인임의 아들로 우왕을 시해하고 왕위를 찬탈했다는 기록이 있었다. 이는 조선의 정통성과도 밀접한 관계가 있는 문제였다. 조선은 이를 바로잡기 위해 변무사를 파견해 수정을 주청했다. 하지만 명은 이를 거부했다. 조선은 계속해서 변무사를 파견하였고, 근 200년이 지난 선조 때가 돼서야 뜻을 이룰 수 있었다. 그런데 1863년 정월 윤치수尹致秀가 청나라의 정원경鄭元慶이 쓴 《이십일사약편二十一史約編》을 구해 읽다보니, 종계변무로 바로잡은 내용이 여전히 잘못 기록되어 있었다. 개인이 쓴 책이니 당연히 있을 수 있는 일이었다. 그러나 청나라의 모든 책을 검토할 수 없더라도, 잘못된 사실을 발견한 이상 이를 간과할 수 없었다. 그는 상소를 올려 이 일을 고했고, 조선 조정은 바로 변무사를 파견했다. 바로 이때 수역이 이상적이었다.

변무사는 북경에 도착하여 바로 사정을 알리는 표문을 올렸다. 하지만 예부는 전혀 반응이 없었다. 다급한 마음에 이상적은 예전부터 친분이 있던 내각시독內閣侍讀 공헌이孔先彝를 예방해 예부에 올린 표문을 보여 주고 사정을 알아봐 달라고 부탁했다. 공헌이는 공자의 73대 손으로 조선 문인과 교류가 많았다. 그는 1859년 이상적을 도와《은송당집》의 속집인《은송당속집》을 간행했다. 이상적이 공헌이에게 부탁한 지 며칠 뒤 오류를 수정하라는 황제의 칙지가 내려졌고, 내각에서 이를 예부로 알렸다. 예부에서 정식으로 조선 사신에게 통보하기 전에 이상적의 다른 지인인 광록사光祿寺 소경小卿 정공수程恭壽도 이 사실을 이상적에게 서신으로 알려 줬다.

이번 주청은 이전의 종계변무와 달리 매우 신속하게 처리되었다. 이상적이 공헌이를 만나 부탁한 지 일주일도 안 되어 황제의 윤허가 내려졌다. 정공수는 이상적에게 대학사 기준조祁寯藻와 형부상서 조광趙光이 많은 도움을 주었다고 했다. 특히 기준조는 이상적과 면식이 있었고, 대학사가 되기 전에 조선 사무를 관장하는 예부상서를 역임한 바 있었다. 이들이 어떤 식으로 도움을 줬는지 자세한 내막은 알 수 없다. 하지만 이상적의 인맥이 크게 작용했음은 분명하다. 공헌이와 정공수의 도움뿐만 아니라, 예부가 조선 사신에게 윤허한다고 통보한 자문 내용이 이전과는 크게 달랐기 때문이다. 자문에서는 조선의 대통관大通官(수역) 이상적이 올린 내용에 따라 정원경이 편찬한 책에서 이성계에 관련한 여덟 글자를 고친다고 밝히면서, 정사 윤치수, 부사 이용은李容殷, 서장관 이인명李寅命은 전혀 언급하지 않았다. 조선이 올린 주청 윤허를 통보하는 자문에 삼사를 언급하지 않은 것은 청대 유일무이한 일이었다.

이상적이 가장 많은 힘을 썼으니 예부가 자문에서 그의 이름만 언급한 것은 문제가 없어 보인다. 하지만 이것은 예에 어긋난다. 조선 국왕이 황제에게 올리는 주문은 정사를 통해 예부에 전달된다. 역관은 그러한 일을 수행할 수 없다. 대통관이라 할지라도 역관일 뿐이다. 변무와 같이 큰일을 해결하고 귀국하면 상이 내려지며, 삼사와 수역의 품계를 올려 주는 것이 일반적이다. 삼사는 귀국 후 충분한 포상을 받았다. 하지만 《조선왕조실록》이나 《승정원일기》 등 그 어디에도 이상적의 이름은 보이지 않는다. 청나라가 이상적만 언급한 것과는 대조적이다. 이상적은 이번 사행의 공로로 상을 받지 못했지만, 그에 대한 보답이었을까 온양 군수에 임명됐다. 하지만 중인에게 과분한 자리였을까, 양반들의 시샘 때문이었을까, 50일도 되지 않아 해임되고 만다.

이상적이 열두 번 사행에 참여하면서 청나라 문인과 교유할 때 양반들과 같이 만난 적이 거의 없었다. 청나라 사람들은 신분의 귀천을 따지지 않지만, 조선은 이를 따지니 같이 만나면 얼마나 불편하겠는가. 1862년(철종 13)에는 정사 김영작金永爵과 함께 청나라 문인들을 만났는데 흥미로운 이야기가 있다. 당시 김영작과 엽명풍葉名澧이 필담을 나눴는데, 그 자리에 있었던 청나라 문인 오곤전吳昆田이 자신의 문집 《수육산방전집漱六山房全集》에 그 내용을 남겼다. 거기에는 김영작이 이상적의 뛰어난 문학적 재능을 언급하면서, 증인 신분으로 뜻을 크게 펼치지 못하는 데에 대해 아쉬움을 토로한 내용이 있다. 이 필담은 김영작의 연행록인 《연대경과록燕臺瓊瓜錄》에도 실려 있다. 그러나 이상적과 관련된 내용은 전혀 없다. 청나라 문인과 조선 양반이 조선의 신분제를 바라보는 시선 차가 그대로 드러나는 대목이다.

　이상적은 능력이 출중했지만, 신분의 한계를 뚫을 수 없었다. 그는 청나라 문인들과 활발한 교류를 하고 시문을 주고받으며, 한·중 문화 교류에 이바지했다. 그가 교류한 이들 중 다수는 청나라의 현실에 문제를 느끼고 개혁을 추구하는 이들이었다. 서양 세력이 점점 동아시아를 덮쳐 오는 상황 속에서, 이상적의 인적 네트워크는 조선에 큰 영향을 줄 수도 있었다. 하지만 조선 내부로 확장되지 못했다. 그의 스승 김정희는 옹방강과 적극적으로 교유하면서 북경 내 교류 범위를 확장했으며, 자신이 구축한 네트워크를 조선 내로 확장했다. 그것이 가능했던 것은 김정희 자신이 뛰어난 학예적 능력을 지녔을 뿐만 아니라, 세도가문이자 경화사족으로 능력 있는 중인 출신 문사들과도 가깝게 지냈기 때문이다. 반면 이상적이 구축한 인적 네트워크는 이상건, 이경수, 오경석, 김석준, 이용숙 등 역관 그룹으로 확대되는 데 그쳤다.

고염무 사당에서
제사를 올린 박규수

불편한 사람과 같이 있고 싶지 않은 것이 인지상정이다. 사행에서 이상적은 종종 불편한 존재였다. 이상적과 같이 연행을 떠났던 이들의 연행록에서 이상적의 흔적이 거의 없다는 것이 이를 증명한다. 중국통인 이상적에게 많은 도움을 받았을 테고, 적지 않은 청나라 문인과 친분이 있었던 그가 등장하지 않는 것은 이상하다. 아마도 체면이 상하니 그의 이야기를 기록하지 않았을 것이다. 조선에서 별 볼 일 없는 존재가 북경에서 대접받는 것을 보고 배 아팠을 수도 있다. 그래서인지 청나라 친구가 많은 이상적에게 소개를 청할 만한데 그런 일도 없었다. 불편하긴 이상적도 마찬가지였다. 청나라 문인 앞에서 양반 대접을 해 줘야 하고, 함부로 말할 수도 없다. 친한 친구 앞에서 볼 것 없는 양반에게 무시당하는 모습을 보여 주고 싶지 않았을 것이다. 청나라 문인도 이런 분위기를 어느 정도 알고 있었다. 그래서일까, 이상적이 사행을 다니던 시기 고사수계 문인과 조선 문인의 교류는 거의 없었다.

... 고사수계와 함께 제사를 올리며 꿈꾼
경세치용

고사수계 문인과 조선 문인의 교류가 활발해진 것은 1860
년대 들어서다. 제2차 아편전쟁으로 1860년 황제가 열하로 몽진했다.
북경을 잠시나마 서양 '오랑캐'인 영국과 프랑스에게 뺏겼다. 이 사건
은 청나라뿐만 아니라 조선에게도 충격이었다. 북경이 함락됐다는 소
식에 한양에서는 짐을 싸 피난을 가고자 하는 이들마저 있었다. 거침
없는 서양의 도전에 양국 문인들이 같이 고민하고 일을 도모하고자
하는 이들이 있었다.

1861년(철종 12) 북경을 방문한 박규수朴珪壽도 분명 그랬다. 박규수
는 열하문안사로 파견됐다. 함풍제가 열하로 몽진했다는 소식에 조선
이 황제의 평안을 묻는 사신을 파견한 것이다. 더 큰 목적은 사정이 어
떻게 돌아가는지 살피는 것이었다. 당시 청나라 사정은 급박하게 돌아
갔다. 황제가 조선 사신을 만날 겨를이 없었다. 박규수는 열하로 향하
지 못하고 북경에 머물다 귀국했다. 하지만 이때 고사수계의 동인들과
교분을 텄다.

박규수가 고사수계 동인과 끈이 닿은 것은 친한 친구였던 신석우申
錫愚 덕분이었다. 신석우는 박규수보다 몇 개월 앞서 삼절연공사로 사
행길에 올랐다. 그는 유리창의 서점인 문화당에서 청나라 문인 심병성
沈秉成을 우연히 알게 됐다. 예전 같으면 흔한 풍경이지만, 영국과 프랑

스가 철수한 지 얼마 안 된 유리창의 분위기는 말이 아니었다. 중국 최고의 서점가였던 유리창은 이후 10년 정도 불황을 겪는다. 휑한 분위기에서 신석우와 심병성이 만났다. 뒤숭숭한 정국 속에서 만난 귀인이라 생각했을까, 심병성은 신석우를 자신의 서재에 초대한다. 이 자리에는 그의 지인인 동문환董文煥과 왕헌王軒이 있었다. 이들은 모두 고사수계 동인이었다. 물론 신석우는 여기에는 크게 관심이 없었던 것같다. 얼마 안 있어 동문환이 그의 서재인 연추재硏秋齋에 초대해 또다른 문인과도 교유했다. 이처럼 사람을 통해 인연을 넓혀 가는 과정은 19세기 문인 교류에서 흔한 모습이었다.

이 네트워크가 박규수에게 전해졌다. 타이밍이 좋았다. 신석우는 귀국길에 난니보爛泥堡에서 북경으로 가고 있는 박규수를 만났다. 자신의 이야기를 들려줬고, 소개하는 서신까지 써 주었다. 박규수는 북경에 도착하여 심병성, 동문환과 교분을 텄다. 1861년(철종 12) 삼월 이십팔일에는 심병성, 동문환, 왕헌, 왕증王拯, 황운곡黃雲鵠 등과 자인사慈仁寺를 찾아 고염무에게 제사를 지냈다. 고염무 사당에 제를 올린 최초의 조선인이었다. 조선 사대부 대부분은 주자학을 신봉했지만, 박규수는 《경세문편經世文編》,《해국도지海國圖志》 등을 읽으며 경세치용의 학문을 추구했다. 그에게 주자학과 고증학을 절충하고 실천을 강조하는 고염무는 진정한 스승이었다. 그런 그가 고사수계 동인을 만났으니 얼마나 감격했을까. 제사를 올리는 날이 아님에도 특별히 청해 인사를올린 것만 봐도 알 수 있다.

귀한 인연이었던 만큼 박규수는 적극적으로 청나라 문인과 교유를이어 갔다. 1872년(고종 9) 박규수는 두 번째 사행길에 오른다. 동치제의 혼례를 축하하기 위한 사절이었다. 사행 임무는 특별하지 않았지

사신을 따라 청나라에 가다

만, 첫 사행 때와 마찬가지로 분위기가 좋지 않았다. 첫 사행 때는 청나라 사정이 좋지 않았다면, 이번에는 조선이 청나라와 같은 꼴을 당하고 있었다. 1860년대 병인양요, 제너럴셔먼호 사건, 오페르트 도굴 사건 등을 겪은 데 이어 1871년(고종 8) 신미양요를 겪었다. 서양의 거센 압력만큼이나 일본의 위협도 드셌다. 메이지유신 이후 일본은 조선에 국서를 보내 외교 관계의 재정립을 요구했다. 조선은 버젓이 천황이라 쓰여 있는 일본의 국서를 받아들일 수 없었다. 이와 같은 상황에서 진하사의 임무를 수행하며, 정세를 면밀히 살펴야 할 필요가 있었다. 고종이 사행길에 오르는 박규수에게 "상사는 돌아올 때 중국의 물정과 들을 만한 것들을 상세히 탐색하여 오도록 하라" 명했고, 그는 "중국의 벼슬아치 중에 나름대로 서로 교유하고 있는 사람이 많습니다. 상세히 탐색하여 오겠습니다"라고 답했다.[52]

박규수는 옛 친구를 만나 회포도 풀고 당면한 위기를 논의하고 싶었을 것이다. 하지만 북경에 남아 있는 친구는 거의 없었다. 심병성과 황운곡은 지방에 관직을 받아 내려갔고, 왕헌도 고향으로 돌아갔다. 당시 북경은 예전의 활력을 잃은 지 오래였다. 능력 있는 이들은 산적한 문제들을 해결하기 위해 지방에 파견되었다. 북경은 여전히 제국의 중심이었지만, 그 역할을 점점 잃어 가고 있었다. 서양과의 관계가 중요해지는 만큼, 지방에서 서양 관련 사무를 총괄하는 북양대신과 남양대신의 역할이 중요해졌고, 개항장에 인재가 필요했다. 서양식 개혁을 통해 부국강병을 도모한 양무운동洋務運動도 모두 지방에서 전개되었다.

... 발전하지 못한 교류

박규수는 고사수계의 가을 제사 때 북경에 도착해 고염무에게 제를 올릴 수 있었다. 이번에는 박규수뿐만 아니라, 같이 사행을 온 부사 성이호成彝鎬와 서장관 강문형姜文馨도 참석했다. 하지만 고사수계는 예전의 고사수계가 아니었다. 개혁사상이 퇴색했고, 형식적인 제사만 이루어진 지 오래였다. 문인들의 친목 모임 정도로만 유지되었다. 박규수가 제사를 지내고 돌아간 다음해 고사수계가 자연스레 해체된 것도 우연은 아니다. 상황이 이러니 박규수가 뜻을 두고 정을 나눌 만한 이가 별로 없었다. 그는 동생 박선수朴瑄壽에게 쓴 편지에서 북경에서의 나날을 다음과 같이 술회했다.

이번 걸음이 유람을 목적으로 삼은 것이 아니고 단지 중원의 명사들과 교분을 맺고자 해서인데, 예전에 교분을 맺었던 사람들이 모두 북경에 있지 않고 오직 연초硏樵(동문환)의 아우 문찬文燦만이 있었을 뿐이네. 대혼大婚이 9월 15일이라서 그 이전에는 조사朝士들과 모두 서로 어울릴 겨를이 없었네. 또 15일 이후가 되자 반차班次에서 사람을 만나기도 하고, 내 이름을 듣고 먼저 객관客館으로 찾아와 준 사람도 있었으며, 다른 자리에서 교분을 맺은 자도 있었네. 한 번 이상 만난 자들을 헤아려 보면 모두 80여 명이나 되니 또한 널리 교유했다고 말할 만하네. 그러나 요즈음의 풍기風氣를 살펴보니 또한 지난날에 미치지 못하네. 노성老成한 자들은 모두 좋은 형편이 아니었고, 또 뜻있는 자들은 대부분 왕고재王顧齋(왕헌)처럼 고향으로 돌아가 집에서 지내고 있었네. 연소한 신진들은 모두 글이나 짓고 글씨나 쓰는 자들에 불과하여 아주 빼어난 자도 없었네. 교유한 사람이 많다고는 하지만 그저 술과 음식을 마련하고 서로 초대하여 농담이나 하고 즐길 뿐이었으니 어찌 뜻에 맞는 일이 있었겠나. 사신으로서의 공무가 끝나지 않았기 때문에 11월 초순까지 북경에 머물러 있었는데, 이리저리 수응酬應하는 일이 잡다하여 겨를이 없었으니, 이 또한 피곤한 일이었네.[53]

　북경의 분위기만 그런 것이 아니었다. 사행으로 북경에 온 조선 문인 역시 마찬가지였다. 박규수처럼 풍운의 뜻을 품고 오는 이는 극히 소수였다. 그는 청나라 문인들과 시를 주고받고, 술잔을 나누며 점점 악화되는 국내외 상황을 같이 고민했다. 개인적으로는 문학이나 사상에 있어 영향을 받기도 했다. 하지만 변화의 흐름을 만들진 못했다. 이국에서의 유희적 교유에 그쳤다. 심지어 그 유희를 과하게 좇는 이들이 적지 않았다. 청나라 문사 이자명李慈銘은 이를 매우 안 좋게 봤다. 1883년 사행으로 북경에 온 조선 문인이 그를 꼭 만나고 싶다고 청했으나 거절했다. 그는 30년 동안 일기를 쓴 것으로 유명한데, 그날 일기에서 무턱대고 찾아오는 모습에 강한 거부감을 드러냈다. "근자에 오는 조선인이 비루하기 짝이 없으며, 조정의 체제를 모르고, 고금의 문장에 통달하지 못하다"[54]고 평했다. 심지어 조선 문인과 교유했던 오대징吳大澂과 장지동張之洞을 비판했다. 그들은 왕년에 헛된 명성을 좇아 후일을 위해 손님을 맞이하고, 연회를 열어 서로 초대했는데, 그 모습이 참으로 비루하고 우습다고 비판했다.

　과한 비판처럼 들린다. 소국을 얕보는 중화주의처럼 보인다. 이자명은 이역의 글을 보는 것은 자신을 높이고 풍류를 즐기기 위함인데, 조선은 청의 속국이요 베트남보다 가깝고, 귀주 동남부의 검남黔南보다 작으니 그에도 미치지 못한다고 평했다. 그는 분명 편견이 있었다. 하지만 그 편견이 온전히 상상 속에만 나온 것은 아니다. 그는 1870년대 박규수, 민치상 등과 교류한 적이 있었다. 박규수가 오대징에게 쓴 편지에서 이자명의 안부를 묻는 것을 보아 박규수와의 만남은 나쁘지 않았던 것 같다. 민치상과는 모르겠다. 이전 일기에서는 감정을 드러내지 않아 교류가 어땠는지 알 방도가 없다. 만남이 불쾌했을 수도 있다. 혹은 그들의 문제가 아니라, 조선 사람과 교유했다는 소문만 듣고 무턱대고 찾아드는 이들로 인해 반감이 생겼을 수도 있다. 그의 마음을 알 도리는 없다. 하지만 무례하고, 그저 만남을 위한 손님이 적지 않았음은 분명하다.

서세동점이라는 거대한 파고 속에 위기를 극복하고자 하는 진정한 사귐이 있었던가, 18세기 북학 같은 사상적 추동이 조선에 있었던가. 시를 주고받고, '우아한' 모임을 여는 것을 비판하는 것이 아니다. 그것은 당시 문인문화였다. 그를 통해 유대감을 다질 수 있고, 공동의 지향을 구축할 수도 있다. 하지만 치열해야 할 시기에 너무 느슨했다.

사신을 따라 청나라에 가다

사행으로
오경석 컬렉션을 만들다

2004년, 3·1운동 당시 민족대표 33인 중 한 명이었던 오세창의 아들 오일육 선생이 조부 오경석吳慶錫과 부친의 유물을 예술의전당 서예박물관에 기증했다. 이 중에 청나라 문인 277통의 서신을 묶어 정리한 《중사간독첩中士簡牘帖》 7책이 포함되어 있다. 청나라로 열두 차례 사행을 다녀온 오경석이 청나라 문인으로부터 받은 서신들이다. 그는 조선시대 외국인으로부터 가장 많은 서신을 받은 인물일 것이다. 현존하는 자료만으로는 그렇다.

... 이상적의 제자로 인맥을 넓히다

오경석이 폭넓게 청나라 문인과 교유할 수 있었던 것은 이상적 덕분이다. 그의 집안은 이상적 가문처럼 많은 역관을 배출한 가문이었다. 오경석은 어려서부터 아버지의 동료였던 이상적으로부터 배웠고, 그를 통해 김정희를 스승으로 모실 수 있었다. 김정희가 오경석을 본 것은 두세 번밖에 되지 않는다. 하지만 재능이 남다르고 애제자 이상적을 따르는 것을 귀히 여겨, "하늘이 총명을 주는 것은 귀천이나 상하나 남북에 한정되어 있지 않으니, 오직 확충하여 모질게 정채 精彩를 쏟아 나가면 비록 구천 구백 구십 구분은 도달할 수 있으나, 그 나머지 일분의 공부는 원만히 이루기가 극히 어려우므로 끝까지 노력해야만 되는 거"[55]라며 격려해 주었다.

김정희는 오경석을 격려해 주면서도 안타깝게 바라봤을지 모르겠다. 이상적이 신분 때문에 조선에서 재능을 한껏 발휘하지 못한 모습을 내내 봤으니 말이다. 하지만 중인이란 신분이 오경석에게는 기회였다. 이상적처럼 조선에서 발휘할 수 없었던 재능을 북경에서 펼칠 수 있었으니 말이다. 그의 행적에서 양반들의 흔적은 찾아볼 수 없다. 보이지 않는 선명한 선이 그어져 있었다. 오경석은 오히려 중인이었기에 쉽게 이상적의 세계에 들어갈 수 있었다. 북경 내 문인 네트워크도 이어받을 수 있었다.

오경석은 1846년(헌종 12) 16세에 역과에 합격했다. 7년 뒤인 1853년 (철종 4) 스물세 살의 나이로 첫 사행길에 올랐다. 이때 수역이 이상적이었던 것은 우연이었을까. 이상적이 특별히 선발해 갔을 것이다. 이상적은 1847년(헌종 13) 역관의 수장인 수역으로 북경에 다녀왔다. 이때 오경석은 신참이었고, 나이가 너무 어렸다. 게다가 이상적은 이때 처음으로 수역을 맡은 지라, 신경 써야 할 일도 적지 않았다. 이후 다시 사행을 떠나게 된 것이 1853년이다. 이번에도 수역으로 사행에 올

사신을 따라 청나라에 가다

랐는데, 이때 자신이 아끼는 오경석을 데리고 갔다.

그때부터 오경석은 북경에서 이상적의 제자로 알려졌다. 그는 스승인 이상적이 김정희의 서신을 전달하며 인맥을 넓혔듯, 이상적을 매개로 교유 폭을 확대했다. 하지만 그의 관심은 스승과 달랐다. 이상적은 북경에서 시집을 출판할 정도로 시에 관심이 많았다면, 오경석은 금석문이나 인장, 서화처럼 물성을 느낄 수 있는 분야에 관심이 많았다.

그는 서른도 안 된 젊은 나이에 《삼한금석록三韓金石錄》을 펴냈다. 이 책은 유일본으로 국립중앙도서관에 소장되어 있다. 책 목록에는 147종의 금석문이 정리되어 있고, 8종의 금석문이 고석考釋되어 있다. 이상적은 제문을 써 주며, 책이 쓰인 연유를 다음과 같이 밝혔다.

> 역매亦梅(오경석의 호)는 여러 차례 일하日下에 다녀오면서, 많은 동남東南의 학식이 넓고 고상한 선비들과 사귀었다. 그들과 함께 학술과 예술에 대해 토론하였으며, 자신의 안목을 크게 키웠다. 그러면서 국내외의 금석문을 힘써 구하였는데 소장한 것이 매우 많았다. 아마도 이와 같은 까닭으로 우리나라의 옛 사적에 뜻을 두게 된 것 같다.[56]

일하日下는 북경을 가리킨다. 동남東南은 강소江蘇, 절강浙江 지역 등으로 북경과 함께 청대 학술의 중심지였다. 그렇다면 오경석이 《삼한금석록》을 쓰도록 자극을 준 동남의 학인들은 누구일까? 이상적과 교유가 있던 정조경程祖慶, 반조음潘祖蔭, 엽명풍葉名澧 등이었다. 이상적은 금석문에 크게 관심이 없었지만, 오경석을 북경 문단에 소개하여 스스로 발전할 수 있는 길을 열어 주었다.

... 인삼을 팔고, 예술품을 모으다

그런데 금석문은 돈이 많이 드는 학문이다. 조선의 금석문을 청나라 문인에게 구해만 주었다면 돈이 문제가 되지 않는다. 하지만 그가 열두 차례 북경을 드나들며 수집한 중국 금석문이 수백여 종을 넘었다. 그뿐만 아니라, 원나라 이래 서화 백여 종을 모았다. 이를 모으는 데 어마어마한 비용이 들었을 것이다. 인맥으로만 모을 수 있는 수준이 아니다. 역관은 사행 중 무역을 할 수 있는 권한이 있지만, 모든 역관이 부자는 아니었다. 사역원에 소속된 역관은 수백 명에 달했다. 그중 사행에 참여하는 역관의 수는 30명이 되지 않았다. 사행의 기회조차 잡기 쉽지 않다. 순번을 정해 놓고 북경에 다녀오면 다행이다. 하지만 기회라는 것이 그리 공평한 것이 아니다. 일 잘하는 사람을 자꾸 보내게 되는 것이 당연한 이치고, 인맥에 좌지우지되기도 했다. 역관 명문가 출신이었던 이상적과 오경석이 열 차례 이상 사행을 다녀온 것은 우연의 일치가 아니다.

지속적인 사행만이 부를 축적할 수 있었다. 우연히 북경에 한 번 다녀오더라도, 그곳의 사정을 모르면 사기당하기 십상이다. 오경석이 북경을 드나들던 19세기 후반은 물가가 치솟아 사행 비용이 많이 들었다. 웬만한 교역으로 돈을 벌기 쉽지 않았다. 그가 수많은 금석문과 서화를 수집할 수 있었던 부의 배경은 좋은 역관 가문과 지속적인 사행에 있다. 보통 역관은 북경에서 인삼을 판매하고, 귀국길에 비단, 모자, 모피 등의 사치품을 사 와 조선에 되팔았다. 오경석에게는 한 가지 루트가 더 있었다. 광범위한 청나라 문인과의 관계였다. 조선 인삼은 인기가 많았는데, 인삼국이 조선 역관으로부터 인삼을 사 중국 소비자에게 되팔았다. 인삼국은 일종의 중간상이었다. 청나라 문인이 오경석과 직접 거래하게 되면 중간 비용을 줄일 수 있을 뿐만 아니라, 품질을 보증받을 수 있었다. 정조경은 오경석으로부터 인삼을 사면서 인삼국에서 파는 것보다 가격이 저렴한데 품질이 더욱 좋다고 했다. 여기서 그치지 않고 친구들까지 연결해 주었다.

이런 직접 거래를 누구나 할 수 있는 것은 아니었다. 인삼 교역은 주로 북경에서 이루어졌다. 청나라의 규정에 따라 북경에서 무역은 귀국직전 회동관 무역을 통해서만 가능했다. 사사로운 교역은 위법의 소지가 있을 뿐만 아니라, 인삼국과의 신뢰를 무너뜨릴 수 있었다. 그러므로 이문이 더 남는다고 하여 모르는 이를 상대로 사사로이 영업할 수는 없었다. 이때 오경석의 인맥이 빛을 발휘했다. 인삼국이라는 중간상이 사라지니, 싸게 팔더라도 손해 보지 않고, 청나라 지인과의 관계도 돈독해졌다.

오경석이 판매상으로만 역할을 한 것은 아니다. 적극적인 구매자였다. 그림이나 글씨, 인장 등을 북경의 문인들에게 발주해 제작했다. 책이나 그림을 사는 데 돈을 아끼지 않았다. 그의 관심은 북경 내 친구들을 통해 점차 소문이 났다. 그에게 금석문이나 서책 등을 팔기 위해 그의 친한 벗인 정조경과 같은 이에게 줄을 대는 이가 적지 않았다. 소개받은 물건 중에 오경석이 관심 없는 것도 적지 않았다. 하지만 구입 의사를 물어 오는 이와의 우정이나 그의 체면을 생각해 사 주기도 했다.

하루는 정조경이 친구가 고향에서 전대흔錢大昕의《잠연당전서潛研堂全書》를 가져왔다며 구매 의사를 물어 왔다. 18세기 저명학자였던 전대흔은 금석학에도 조예가 깊었던 만큼 오경석이 관심 있을 법한 책이었다. 하지만 오경석은 살 마음이 없었다. 이에 정조경은 서점에 파는 가격보다 저렴하다며 살 것을 재차 권했고, 결국 오경석은 책을 샀다. 강매한 것처럼 보이나, 자신을 위한 투자였다. 사행으로 북경을 자주 오갔다고 해도, 매년 갈 수 있는 것이 아니었다. 1853년(헌종 4) 첫 사행부터 1874년(고종 11) 마지막 사행까지 20년 동안 북경에 다녀온 것은 12차례에 '불과'하다. 오경석이 다른 조선인에 비해 훨씬 많이 북경에 다녀왔지만, 원하는 수집품을 손쉽게 수집할 수 있는 정도는 아니었다. 항시 시장의 동향을 살피며 유리창으로 달려가 바로 살 수 있는 것이 아니었다. 개인 소장품도 있고, 작은 그룹 내에서만 유통되는 물품 수가 적지 않았다. 정보와 경험이 부족한 만큼 귀한 물건일수록 구하기 더욱 쉽지 않았다. 이때 북경 내 인맥이 큰 역할을 했다. 가끔 관심 없는 물건을 사며 관계를 유지해야 했지만, 그의 친구들은 그의 수집벽에 많은 도움을 줬다. 더 싼 가격을 알아봐 주고, 대신 구입해 주기도 했다. 물품의 상태에 대해서도 여러 조언을 해 주었다. 그들의 도움이 없었다면 오경석이 그토록 많은 서화와 금석문을 수집하는 것은 불가능했다.

급변하던 시대 상황도 오경석의 수집을 도왔다. 첫 사행을 떠난 지 몇 년 뒤 제2차 아편전쟁이 터졌다. 1860년 영국과 프랑스군이 북경까지 밀고 들어왔다. 함풍제는 열하로 피했다가 북경으로 돌아오지 못하고 생을 마감했다. 자금성은 약탈당했고, 원명원은 불탔다. 위협을 피해 낙향하는 이들도 있었다. 격변의 시기였다. 예술품 시장에도 큰 변화가 생겼다. 인산인해를 이루던 유리창에도 한파가 불었다. 가장 비싸게 거래되던 송나라 판본의 서적도 가격이 절반 이하로 떨어졌다. 가격은 폭락했지만 사는 사람이 없었다. 이러한 시기의 오경석은 정말 반가운 손님이었다.

그런데 격변은 청나라에서 그친 것이 아니다. 황제의 수도를 열어젖힌 서양 제국은 조선으로 눈을 돌렸다. 1866년(고종 3)을 기섬으로 6년 동안 조선은 병인양요, 제너럴셔먼호 사건, 오페르트 도굴 사건, 신미양요를 겪었다. 오경석은 병인양요와 관련되기도 했다. 병인양요 직전 청나라는 프랑스의 침공 위협을 조선에 통고해 주었다. 이에 대해 조선은 오경석을 파견해 천주교 탄압 사실과 쇄국 입장을 밝혔다. 병인양요 이후에 오경석은 병인양요 관련 문건을 모아 《양요기록洋擾記錄》이라는 책으로 묶었다. 서양의 위기에 대해 그 누구보다 잘 알았을 인물이다. 그런 그가 유유자적 예술품만 수집했을까.

오경석 사진에 담긴
기묘한 희망

오경석은 사진 한 장을 남겼다. 원본은 아니다. 복사본이다. 3·1운동 때 33인의 민족대표 중 한 명인 아들 오세창이 일본에 갔을 때 원본을 가지고 갔다 분실하고, 복사본만 남았다. 복사본이지만, 오경석의 초상화가 남겨져 있지 않기 때문에 그의 실제 모습을 볼 수 있는 유일한 자료다. 사진의 좌측에는 "선부군 42세, 고종 9년 임신 사진, 세창 기록 先附君四十二歲, 高宗九年壬申寫眞, 世昌記錄", 우측에는 "북경 프랑스 공사관 참찬관 매휘립 촬영, 불초 동경에서 복사北京 法國公使館, 參贊官梅輝立撮 影, 不肖在東京複寫本"라고 기록되어 있다. 이는 오세창이 적은 것으로 촬영 시기, 촬영자에 대한 정보를 담고 있다.

　사신을 따라 청나라에 가다

... 영국 외교관과의 위험한 만남

고종 9년 임신년은 1872년이다. 촬영자는 프랑스 공사관의 매휘립이라는 자다. 뭔가 심상치 않다. 1872년은 미국이 조선을 침공한 신미양요가 일어난 바로 다음 해다. 흥선대원군이 서양 오랑캐를 물리쳤다며 득의양양 전국에 척화비를 세우던 때다. 다가오는 서양인을 보고 도망가도 모자랄 판에 서양인을 그것도 외교관을 만났다니 상상이 되질 않는다.

그런데 오세창의 기록에는 문제가 있다. 우선 촬영자 매휘립은 프랑스 외교관이 아니다. 그의 본명은 윌리엄스 메이어스William Frederick Mayers로 영국 외교관이다. 그는 1859년 중국에 와 1871년부터 1878년까지 주중 영국공사관에서 중국어 서기관chinese secretary으로 일했다. 당시 청나라 문헌에는 '번역정사飜譯正使', '한문정사漢文正使'라고 기록되어 있다. 그렇다면 단순히 오세창의 오기일까, 아니면 다른 이가 촬영한 것일까.

촬영자가 메이어스인지 확신할 수 없지만, 오경석이 북경에서 메이어스를 만난 적은 있다. 1874년 초 메이어스는 조선 사절이 북경에 도착했다는 소식을 듣고, 명함을 보내 회견을 요청했다. 그의 요구에 응한 것은 정사나 부사가 아닌 역관이었다. 누구인지 알 수 없지만, 메이어스가 본국에 올린 보고서에는 그가 통역관으로 3품의 관직에 있으며, 대대로 그의 선조들이 같은 관직에 있었다고 설명했다. 사행에 참여한 역관 중 3품 관직에 있는 자는 사신단의 역관을 총괄하는 수역밖에 없다. 1874년 초 북경에 머물던 조선 사신단은 정건조鄭健朝가 이끄는 사은 겸 삼절연공사로 당시 수역은 오경석이었다.

메이어스가 촬영한 오경석

이 사진을 촬영한 메이어스는 1859년 중국에 와 1878년 발진티푸스로 상해에서 생을 마칠 때까지 중국에서 활동하였다. 그는 통역관으로 시작해 이후 외교관으로 활동했지만, 중국의 고전을 연구하는 중국학자이기도 했다. 포송령蒲松齡의《요재지이聊齋志異》, 조설근曹雪芹의《홍루몽紅樓夢》등을 선역해 서양에 소개할 만큼 뛰어난 중국어 실력을 갖추고 있었다.

사신을 따라 청나라에 가다

그런데 오세창은 1872년에 메이어스가 촬영했다고 기록했다. 1872년 오경석은 박규수가 이끈 진하 겸 사은사의 수역으로 다녀온 바 있다. 그러나 메이어스가 1874년 보고서에서 오경석을 처음 만났다고 하였으니, 오세창의 오기다. 이때 오세창은 열 살 정도로 어릴 때였으니, 기억에 착오가 있었던 것 같다.

1874년은 운요호 사건이 발생하기 한 해 전이었다. 서양 열강의 압박이 점점 강해지고, 일본에서 '정한론征韓論'이 흘러나오고 있었다. 외부 상황이 급박하게 돌아가던 시기다. 정사 정건조는 청나라 예부상서 만청려萬青藜를 찾아가 위기 극복을 위한 조언을 구했다. 하지만 서양 '오랑캐'는 논의 대상이 아니었다. 경계 대상도 아니었다. 그렇기에 메이어스의 요청을 거부했다.

오경석은 정건조와 정반대로 움직였다. 메이어스의 보고서에 의하면, 오경석은 외부 사정을 어느 정도 알고 있으며, 외국에 편견이 없는 조선인이었다. 그는 20여 년 전 간행된 《해국도지》를 숙독했다. 북경에 올 적마다 《중서견문록中西聞見錄》(The Peking Magazine)을 구해 읽었다. 《중서견문록》은 청나라의 외국어 교육기관이었던 동문관同文館의 외국인 교사 윌리엄 마틴丁韙良(William A. Parsons Martin)이 1872년 창간한 월간지로, 서양 학문과 국제정세를 소개했다. 서양 열강뿐만 아니라, 개항 이래 급성장하고 있는 일본의 발전과 그에 따른 위협도 자세히 소개했다. 일본은 조선뿐만 아니라, 청나라에도 위협이 되는 존재였기 때문이다.

... 개항가의 기묘한 희망

오경석과 메이어스는 3월 6일과 27일 두 차례 만났다. 오경석의 방문 목적은 분명했다. 조선의 개항이었다. 그는 정확하게 동북아 정세를 파악하고 있었으며, 조선이 조만간 외국과 교류하길 희망했다. 이러한 생각을 위험할 정도로 솔직하게 털어놨다. 오경석은 신미양요 때 미국이 힘없이 돌아가는 바람에 흥선대원군은 조선이 서양을 대항할 능력이 있다고 생각하지만, 이는 망상에 불과하다고 생각했다. 급변하는 정세를 볼 때 조선은 청나라나 일본처럼 조만간 외국 국가들과 교류하게 되겠지만, 그것이 평화적으로 이루어질 것이라고 보지 않았다. 구체제를 고수하는 지배층의 외세에 대한 반감이 너무 크기 때문에 조선의 변화는 무역에 의해서만 가능하리라 전망했다. 심지어 오경석은 유럽 열강이 군대를 동원해 조선의 '은둔'을 깨 주길 바란다고 밝혔다. 조선의 적국인 일본보다 유럽 열강이 인도적일 것이라 보고 메이어스에게 자신의 바람을 전달한 것이다.

매우 '기묘한 희망'이 아닐 수 없다. 자신의 나라를 공격해 문호를 개방시켜 달라니 말이다. 오경석의 이러한 생각은 흥선대원군을 비롯한 집권층의 무지와 권력욕에 실망했기 때문이다. 그는 조선의 통치층이 어떠한 변화로 인해 자신들의 특권이 감소하는 것을 걱정하였고, 바깥 세계에 무지하다고 판단했다. 이런 생각이 그냥 나온 것이 아니다. 신미양요 당시 문호개방을 주장했지만, 아무도 그의 말을 귀담아듣지 않았다. 조선 최고의 정보통이 배제된 것이다. 그렇기에 오경석은 '일본 모델'을 생각했던 것 같다. 페리 제독의 공격에 놀라 일본이 문호를 개방했듯 말이다.

그래도 그의 주장은 너무 극단적이다. 그의 주장을 보면 1801년(순조 원년) 황사영 백서 사건이 떠오른다. 천주교도들이 처형을 당하거나 귀양 보내지는 등 탄압을 받자, 황사영은 북경에 있던 프랑스 주교에게 종교의 자유를 위해 프랑스 함대 파견을 요청하는 서신을 보내고자 시도했다. 이는 발각되어 실패로 돌아갔고 매국노로 몰렸지만, 황사영은 그만큼 절실했다. 오경석도 그러지 않았을까. 황사영에게 절실했던 것이 종교의 자유였다면, 오경석에게 절실했던 것은 신분적 속박을 벗어날 개혁이었을 것이다. 그는 메이어스에게 서양도 조선처럼 통역관을 경멸하고 무시하는지 물은 바 있다. 그 누구보다도 바깥세상을 잘 알고 있는데, 중인이라는 이유만으로 그의 의견은 무시되었다. 신분의 한계에 갇혀 무력감과 좌절감을 느꼈다.

오경석은 메이어스에게 자신이 외국에 대해 가지고 있는 생각을 한양에서 말한다면 목이 달아날 것이라고 말했다. 자신의 생각이 매우 위험하다는 것을 잘 알고 있었던 것이다. 하지만 그가 생각하기에 조선의 개방을 끌어내기 위해서는 외부의 힘을 이용하는 방법밖에 없었다. 비록 흥선대원군이 하야했지만, 조정의 고위직에 있는 이들은 그와 같은 마음을 가지고 있었기 때문이다. 당시 사신단의 중요한 목적 중 하나는 일본 '정한론'의 실체를 파악하는 것이었다. 오경석도 이와 관련해 메이어스에게 물었다. 정사 정건조와 그의 반당伴倘 강위姜瑋도 청나라 사람들로부터 정보를 수집하기 위해 노력했다. 당시 형부주사 장세준張世準은 정건조에게 자세한 정보를 제공해 주면서, 서양 각국과 수교를 통해 자강 방안을 찾을 것을 조언해 주었다. 하지만 척화 분위기가 팽배한 조선에서 그러한 조언은 받아들여지기 힘들었다.

얼마 안 있어 일본이 대만을 침공하는 사건이 발생했다. 청 조정은 이 문제를 해결하기 위해 심보정沈葆楨을 흠차대신으로 파견했다. 심보정은 나가사키에 5,000명의 병력이 있으며, 대만에서 철병 후 조선을 공격할 것이라고 보고하면서, 일본이 조선을 공격할 경우 병인양요와 신미양요로 조선에 적의를 품고 있는 프랑스와 미국이 함께 공격할 가능성이 있다고 우려를 표했다. 만약 조선이 프랑스와 미국과 통상수교를 맺는다면, 일본은 조선을 함부로 공격하지 못할 것이니 조선에 통상수교를 권고하자고 건의했다. 청나라는 이러한 내용을 조선에 전달했다. 하지만 조선은 군사 위협을 통고해 준 것에 고마움을 표하면서도, 통상 등을 운운하는 것에 강한 불만을 드러냈다. 전쟁의 신호가 점점 강해지고 있었지만, 오경석과 같이 개항을 주장하는 이가 끼어 들어갈 틈은 보이지 않았다.

... 일본에 마지막 희망을 걸다

다음 해 겨울 오경석은 이회정李會正이 이끄는 사은 겸 삼절연공사의 수역으로 사행길에 올랐고, 메이어스를 다시 만났다. 대화 내용은 처음 만났을 때와 비슷했다. 영국은 움직임이 없었고, 그가 확신했던 것처럼 일본과의 전쟁은 다가오고 있었다. 오경석이 귀국하고 몇 달 뒤 운요호 사건이 발생했다. 일본은 이를 빌미로 구로다 기요타카黑田淸隆를 전권대신으로 하여 군함 5척을 파견했다. 조선에 군사적 압박을 가해 배상과 통상조약을 얻어 내기 위해서였다. 조선 조정은 일본 군함이 부산에 들어와 강화도로 향한다는 소식을 듣고, 오경석을 문정관問情官으로 파견했다. 오경석이 구로다 기요타카를 만난 것은 일월 삼십일 대부도에 정박한 일본 군함 닛신함에서였다. 일본 측 기록이긴 하지만, 여기서 그는 메이어스에게 했던 얘기와 비슷한 얘기를 한다. 그는 신미양요 당시 '개항가'로 낙인찍혀 조선에서 자신의 이야기를 듣는 이가 없으며, 신미양요 당시 미국이 물러난 것처럼 이번에도 그렇게 되리라 기대하고 있다고 했다. 게다가 이전부터 이양선은 공격해 물리치라는 명이 있었으니 이번에도 군사적 저항이 있을지 모른다고 하면서, 강화도에 상륙하자마자 위세를 과시하라고 조언했다.

당혹스럽다. 역사적 원한이 없는 영국에게 도움을 청한 것은 어느 정도 이해가 되지만, 임진왜란으로 깊은 역사적 원한이 있는, 오경석 자신이 적국이라 표한 일본에까지 저런 말을 한 것은 받아들이기 어렵다. 그런데 그만 이런 생각을 했을까. 동조하는 이가 전혀 없지 않았을 것이다. 목이 달아날까봐 말을 꺼내지 못할 뿐이다. 혹은 오경석의 방향에 공감하나 방식에 동의하지 못하는 이도 있었을 것이다. 만약 그들이 없었다면 조선에 개화사상이 발전하지 못했을 것이다. 오경석의 주장은 극단적이지만, 그의 정세 판단과 조선의 미래에 대한 전망은 틀리지 않았다. 조선에 이런 능력을 갖춘 이는 몇 명 없었다. 하지만 조선의 위정자와 신분제도는 그를 품을 수 없었다.

일본 함대는 그의 조언처럼 움직이지 않았다. 이번 출전의 주 목적은 군사적 제압이 아니라, 배상과 통상을 위한 협상이었기 때문이다. 조선의 군사적 행동이 없는 상황에서 선공격할 필요가 없었다. 그렇게 할 거라면, 운요호 사건을 통해 명분을 쌓을 필요도 없었다. 오경석의 조언대로 되진 않았지만, 위기를 느낀 조선 조정이 협상에 나서며, 강화도조약이 체결되었다.

과정이야 어찌됐든, 오경석의 '기묘한 희망'이 이루어진 것처럼 보인다. 그러나 조선의 전면적인 개방은 이루어지지 않았다. 조선은 강화도조약을 근대적 조약으로 인식하지 않았다. 일본과의 관계 회복이라고 생각했지 관계의 변화라고 생각하지 않았다. 오경석의 '기묘한 희망'은 1882년 조선이 미국과 조약을 맺기까지 시간이 필요했다. 하지만 오경석은 1879년 그 희망을 보지 못하고 세상을 떠났다.

北洋水師提督
丁汝昌

袁世凱

通商交渉事宜

李鴻章

南廷哲

洪啓薰

●新朝鮮の三傑
金宏集

金嘉鎮

朴泳孝

교섭하다

大院君

前統衛使攝理使　閔泳駿

朝鮮招討使　洪啓薰

李鴻章

前外務督辦　南廷哲

청나라가
유일하게 거절한 책봉

명·청 시대 동아시아에서 중국 중심의 조공-책봉 질서는 일반적인 국제질서였다. 조공국은 상국인 명과 청에 조공을 하고 왕조의 정통성과 군사적 안전을 보장받았다. 상국은 중화질서의 중심으로 지위를 공고히 하고 변방의 안전을 도모했다. 조선이 명나라와 청나라에 빈번하게 사신을 보낸 것도 이에 연유한다. 어떤 이들은 중국에 조공했다는 사실을 수치스럽게 생각한다. 조선을 사대주의에 물든 국가라 비판한다. 하지만 당시 국제질서가 그랬다. 오늘날의 눈으로 평가할 수 없는 문제다.

어떤 이들은 조공-책봉 관계는 상호 이익에 부합해 맺어진 관계로, 조선은 내정 간섭을 받지 않았으며, 책봉은 의례적인 형식이었다고 얘기한다. 틀린 말은 아니다. 명·청대 책봉을 청했을 때 이루어지지 않은 경우는 많지 않다. 명나라가 광해군의 왕세자 책봉을 끈질기게 반대했는데, 이는 매우 이례적인 일이었다. 광해군의 약한 정통성이 명나라의 황위 계승 문제와 맞물려 일어난 일이었다. 청나라가 조선의 책봉을 거부한 사례는 단 한 차례에 불과하다. 다음해 조선이 다시 청했을 때, 청은 책봉을 윤허했다. 대부분의 책봉은 형식적으로 이루어진 듯 보인다. 결과만 놓고 보면 그렇다.

... 폐위된 왕비의 아들을 세자로 청하다

청과 조선은 병자호란을 통해 조공-책봉 관계를 맺었다. 이제 명나라가 아닌 청나라로부터 국왕, 왕비, 왕세자의 책봉을 받아야 했다. 전쟁으로 양국 관계가 맺어졌지만, 책봉은 문제없이 이루어졌다. 숙종은 인현왕후를 폐위하고, 희빈 장 씨를 왕비로 세웠다가 이를 폐하고 다시 인현왕후를 복위시켰다. 문제가 있어 보이는 과정이지만, 문제없이 청나라의 왕비 책봉을 받았다. 책봉은 형식적인 절차처럼 보였다. 하지만 1696년(숙종 22) 숙종이 폐위된 희빈 장 씨에게서 태어난 이윤李昀(훗날 경종)을 세자로 삼으며 사단이 일어났다.

상국으로부터 세자 책봉을 받는 것은 왕권의 안정을 위해 매우 중요했다. 조선은 청을 '오랑캐'의 나라라 무시했지만, 그들로부터 책봉을 반드시 받아야 했다. 책봉을 주청했다 실패할 경우 국내 정치의 논쟁으로 번질 수 있었다. 당쟁이 극렬했던 숙종 시기에는 더욱 그랬다. 하지만 숙종은 이윤의 세자 책봉 주청에 큰 걱정을 하지 않았던 것 같다. 주청사 파견 이전 주청에 대한 논의가 거의 없었기 때문이다.

세자 책봉 주청사는 1696년(숙종 22) 십일월 초이틀 숙종에게 인사를

사신을 따라 청나라에 가다

올리고, 한양을 떠났다. 정사는 서문중徐文重, 부사는 이동욱李東郁이었다. 이들은 십이월 말 북경에 도착해 예부에 책봉을 청하는 수본을 올렸다. 사신의 모든 문서는 조공국과의 대외사무를 담당하는 예부를 통해 처리된다. 예부에 제출된 주청문은 황제와 대신이 정무를 논하는 어문청정御門聽政을 통해 대면 보고되었다. 이후 황제의 명에 따라 예부에서 논의를 거쳐, 주청에 대한 의견이 내각에 전달되고, 내각에서 심의와 만주어 번역을 거쳐 황제의 재가를 받는다.

이 과정에서 조선 사신이 개입할 여지는 전혀 없다. 조선 사신은 예부하고만 접촉할 수 있었다. 여기서 접촉은 예부를 주관하는 예부상서나 시랑을 만나는 것을 의미하지 않는다. 신하 된 자의 외교를 금하는 '인신무외교人臣無外交'의 원칙에 따라 만나서 정식 교섭을 할 수 없었다. 문서의 전달을 통해서만 가능했다. 조선 사신의 의사 전달은 주로 예부의 하급 관료인 통관通官이나 서반序班을 통해서 이뤄졌다. 사정이 이렇다보니, 제대로 된 정보에 의한 상황 판단이 어려웠다. 정보 수집이나 윗선에 손을 대기 위해서는 통관이나 서반에 뇌물을 줄 수밖에 없었다.

이번에도 서반의 수장인 전 씨錢氏에게 뇌물을 주어 상황이 어떻게 돌아가는지 물었다. 전 씨는 《대명회전大明會典》에 나온 규정을 적어 조선 사신에게 전해 줬다. 그 내용은 조공국의 왕세자 책봉에 관한 규정이 아니었다. 명 황실과 직접 관련이 있는 번왕의 왕세자 책봉에 관한 내용이었다. 왕조가 바뀌어 청나라가 들어섰는데, 명나라의 규정을 가져오니 이상했다. 조선 사신은 전 씨에게 뇌물을 주어 예부 관원에게 주선해 달라고 부탁했다. 전 씨는 예부낭중 불연수佛延壽을 연결해 주었다. 전 씨의 말에 따르면 불연수는 예부 수장인 예부상서 불륜佛倫

에게 힘을 쓸 수 있는 인물이었다. 물론 연결해 줬다고 해서 직접 만나 교섭할 수 있는 것은 아니다. 통관을 통해 말을 전하고 주고받을 뿐이었다. 불연수가 전해 온 말은 부정적인 반응이었다. 불륜이 외국의 일로 사안이 중대한 만큼 도와주기 어렵다고 난색을 보였기 때문이다. 아니 이때까지 뇌물로 일을 잘 처리해 왔는데, 돈을 줘도 안 된다니 이게 무슨 날벼락인가. 돈을 써도 힘든 것은 예부의 선에서 처리할 수 없는 더 윗선의 뭔가가 있다는 얘기였다.

... 왕과 왕비가 오십이 될 때까지
   적자가 없어야

조선 사신은 전전긍긍하는 도중 느닷없이 오문午門 앞에서 하사품을 받으라는 연락을 받았다. 이는 북경에서 사신의 임무가 끝났음을 의미한다. 하사품을 받은 사신은 예부의 송별연인 상마연에 참석한 후 며칠 뒤 귀국길에 오른다. 그런데 책봉에 대한 답이 아직 없었다. 이번에 내려진 하사품은 삼절연공사에 대한 것이었다. 조선은 매년 청에 사신을 파견해야 했는데, 바로 그 사행이 삼절연공사였다. 삼절연공사는 동지사, 정조사, 성절사가 합쳐진 사행이었다. 동지, 정월 초하루, 황제의 생일에 맞춰 사절을 보내야 하지만 이전에 순치제가 이를 합쳐 줬다. 사행을 파견하는 데 적지 않은 비용이 드니 사행을 합쳐 조선의 부담을 경감해 준 것이다. 조선은 이런 정기 사행에 별행別行을 합쳐 보내기도 했다. 별행이란 책봉과 같이 특수한 사안이 있을 때 파견하는 사행이다. 이번 사신단은 삼절연공사이자 왕세자 책봉 주

청의 임무를 가지고 왔는데, 강희제가 삼절연공사에 대한 하사품만 내
렸다. 책봉에 대한 답을 하지 않고, 조선으로 돌아가라 한 것이다.

조선 사신은 당황할 수밖에 없었다. 통관 전 씨가 전 왕조의 규정을
정보로 가져온 것도 그랬고, 예부상서가 힘을 쓰기 어렵다고 한 것 모
두 불안한 징조였다. 여기에 하사품까지 받으라고 하니 사신의 마음을
더욱 불안하게 만들었다. 다음날 사신은 오문에 가서 하사품을 받는
의례 행사에 참석했다. 의례를 주관하던 예부낭중이 조선 국왕과 왕
비의 나이를 물었다. 서문중은 답을 피했다. 국왕의 신상을 함부로 발
설하는 것은 불경죄였기 때문이다. 답을 하지 않았으니 불안했다. 왜
묻는지 연유를 묻기도 어려웠다. 며칠 뒤 회동관 연회가 열렸다. 연회
를 주관하기 위해 예부낭중 왕택홍王澤弘이 왔다. 회동관 연회에 참석
한다는 것은 며칠 뒤 귀국을 의미하는 만큼, 앞뒤 가릴 것 없이 주청에
대한 답이 왜 아직 없는지 물었다. 왕택홍은 '제왕諸王의 예例'에 따라
예부에서 황제에게 주접을 올렸다고 답했다. 즉답을 회피한 것이다.
조선 사신이 '제왕의 예'가 뭔지 되묻자, 그는 급히 자리를 떠났다.

사신들은 가슴이 타들어 갔다. 책봉의 정당성을 항변하는 문서를 작
성해 예부에 보내고자 했다. 외국과 종번宗藩은 다르니 종번의 규정을
외국에 적용하는 것은 이치에 맞지 않으며, 조선은 책봉을 간절히 바
란다는 뜻을 담았다. 회동관을 함부로 나갈 수 없는 조선 사신은 회동
관 제독에게 문서를 전달해 달라고 요청했다. 그것은 온당 회동관 제
독의 일이다. 하지만 그는 받지 않았다. 거액의 뇌물을 받고서야 예부
에 전달했다. 하지만 일이 달라질 리 없었다. 이미 예부의 의견이 황제
에게 올라간 상태였다. 오늘날도 그렇지만, 자신들이 방금 올린 의견
을 뒤집는 관료는 없다. 그 책임은 자신들에게 돌아갈 수밖에 없으니

까 말이다.

예부의 의견도 의견이었지만, 당시 상황이 좋지 않았다. 예부가 황제에게 주접을 올린 것은 이월 십일이었다. 당시 강희제는 북경에 없었다. 갈단噶丹 정벌을 위해 사흘 전 북경을 떠났다. 황태자 윤잉胤礽이 강희제 대신 예부의 주접을 받았다. 청은 조선이 책봉을 청할 때 한 번도 거부한 적이 없었다. 그런데 예부가 거부해야 한다고 의견을 올렸다. 강희제의 뜻이었는지 알 수 없지만, 윤잉이 독단으로 처리할 수 없는 문제였다. 그는 한족 대학사인 왕희王熙에게 외국은 종번과 다르니 변통의 방법이 있지 않겠냐고 물었다. 예부가 근거로 든《대명회전》의 내용은 외국이 아닌 종번에 관한 것으로 꼭 조선에 적용할 필요는 없었다. 하지만 왕희는 회전에 내용이 있는 만큼 마음대로 정하기 어렵다는 의견을 피력했다. 이는 황제가 부재중인 만큼 책임질 일을 만들고 싶지 않다는 얘기였다.

윤잉은 어쩔 수 없이 이 사안을 강희제에게 보고했다. 강희제는 예부의 건의대로 처리했다. 어쩌면 예부의 건의는 강희제의 의중이 반영된 것인지도 모른다. 강희제 시기에는 해당 안건에 대해 주접을 올리기 전 어문청정이라 하여 황제에게 보고하는 자리가 있기 때문이다. 물론 사료가 없기에 책봉 불가가 황제의 뜻인지 예부의 뜻인지는 알 수 없다. 하지만 예부가 주접을 올렸고, 황제가 이를 재가한 만큼 세자 책봉에 문제가 있음은 분명했다.

이월 십사일 청천벽력 같은 소식이 전해졌다. 황제의 칙유가 전해진 것이다. 강희제는《대명회전》에 나온 "왕과 왕비가 오십이 될 때까지 적자가 없어야, 비로소 서장자를 왕세자로 세울 수 있다"는 조문을 들어 책봉을 불허했다. 조선 사신은 아연실색했다. 이전과 비슷한 논리

사신을 따라 청나라에 가다

로 문서를 작성해 예부에 전달하고자 했다. 제독은 전달을 거부했다. 뇌물도 받지 않았다. 사신들이 일을 이루지 못하고서는 조선으로 돌아 갈 수 없다며, 제독과 사흘을 다툰 후에야 문서를 예부에 전달할 수 있었다. 사신이 그냥 하는 말이 아니었다. 왕세자 책봉은 매우 중요한 사안으로 국왕의 권위와 밀접한 관련이 있다. 그냥 돌아가면 무슨 화를 당할지 몰랐다. 조선의 문서를 받은 불륜도 측은지심이 들었는지 나름 조언을 해 주었다. 황제의 칙유가 이미 내려왔기에 번복하는 것은 어렵지만, 문서에 담긴 논리로 재차 주청한다면 책봉이 이루어지도록 도와주겠다고 했다. 빈말인지 진심인지 알 수 없다. 칙유가 내려온 이상 일을 뒤집기는 어렵다는 사실을 사신들도 잘 알고 있었다. 불륜의 말을 믿고 귀국길에 오를 수밖에 없었다.

... 다시 세자 책봉을 청하다

조선으로 돌아간 사신들은 아무 일 없었을까. 사신은 북경을 떠나기 직전 북경에서의 일을 보고서로 작성해 조선으로 보낸다. 이 문서를 들고 우선 조선으로 돌아가는 이들을 선래군관이라 한다. 그 보고서는 삼월 십일일 조정에 전해졌다. 숙종은 책봉이 거부됐다는 소식을 듣고, 정사 서문중, 부사 이동욱, 서장관 김홍정을 삭탈관직하고 문외출송하도록 했다. 문외출송은 한양 밖으로 내쫓는 형벌이다. 사헌부와 사간원은 형벌이 가볍다고 생각했는지, 다음날 먼 곳으로 귀양을 보내야 한다고 주장했다. 사신이 변통할 방법이 없었는데, 이러한 처벌은 너무 가혹했다. 숙종은 윤허하지 않았다. 사월 이십사일에는 이들을 사면해 주었다. 이에 반대하는 상소도 없었다. 국왕도 신하들도 어찌할 도리가 없었다는 것을 잘 알고 있었다.

삼사가 사면을 받았다 하더라도 측은하다는 생각이 든다. 그들은 압록강을 건너는 순간 삭탈관직과 문외출송 소식을 들었다. 귀국길에 역참에서 누릴 수 있는 대접도 받을 수 없었다. 그들은 모두 조정에서 일하는 중앙 관료였다. 가족들과 함께 머무는 집이 모두 도성 안에 있었다. 그러나 한양에 들어갈 수 없으니 귀국을 했어도 집에 갈 수 없었다. 고향 집에 내려가거나, 경기도에 머물며 추이를 주목했을 것이다. 마음이 편치 않은 나날을 보낼 수밖에 없었다. 숙종이 귀양을 허하지 않았지만, 당시 당쟁이 심하던 시기인 만큼 언제 정치적 공세를 받을지도 모를 일이었다. 훗날이긴 하지만, 책봉 문제로 귀국하기 전에 삭탈관직당하고 위리안치됐다가, 처형당한 일이 있었다.

조선 조정에 책봉 불허 소식이 전해지자 숙종은 바로 또 다른 주청사를 임명하고 대응 방안을 모색했다. 정사 최석정崔錫鼎, 부사 최규서崔奎瑞, 서장관 송상기宋相琦였다. 책봉을 청하는 주본도 공들여 작성했다. 전에는 의례적인 미사여구로만 청했다. 하지만 이번에는 왜 책봉이 필요한지 그 이유를 상세히 밝혔다. 종번과 외국의 예가 다르고, 20여 년 동안 적장자가 없으며, 조공국인 조선의 안정을 위해 조기에 국본을 세워야 한다는 이유였다.

사신단은 한 달여 뒤인 윤삼월 이십구일 한양에서 출발해, 오월 이십구일 북경에 도착했다. 조선 사신은 북경에 도착한 후, 예부에 주청주본을 제출하였으며, 이후 예부상서 불륜과 접촉해 긍정적인 답을 받아 냈다. 일이 순조롭게 풀릴 것 같았다. 그런데 한 달 뒤 전혀 다른 얘기가 들려왔다. 예부에서 의논했는데,《회전》에 규정이 있으니 이에 위배되는 책봉은 불가하다는 내용이었다. 최석정을 비롯한 삼사는 마음이 다급해졌다. 서반, 통관, 제독 등 뇌물을 주며 주선을 부탁했다. 하지만 돈을 받는 이가 없었다. 항상 뇌물을 챙기는 이들이 받지 않는다는 것은 뭔가 있다는 얘기였다. 그들이 좌우할 수 없는 힘이 존재한다는 것이었다. 그것은 강희제의 뜻일 가능성이 컸다. 혹은 그들이 강희제의 뜻을 가늠할 수 없다는 얘기일 수도 있었다.

사실 예부가 쉽게 책봉 주청을 허해야 한다는 얘기를 할 수 있을까. 직전에 예부는 《대명회전》이라는 규정을 제시했고, 강희제는 이를 받아들여 책봉을 불허했다. 이것은 이번 사안의 전례前例가 될 수 있었다. 규정이 있고, 전례가 있으니, 예부가 과거 자신들의 판단을 무시한 채 이번에는 가능하다고 얘기하기 어려웠을 것이다. 가능하다면 그에 합당한 이유가 필요했다. 조선이 이유를 제시했지만, 마음에 걸리는 부분이 있다. 종번과 외국은 다르다는 얘기다. 그것은 조선의 주장이지, 청의 입장이 아니다. 황제가 종번의 예로 책봉을 거부했는데, 조공국이 다르다고 주장하는 것은 황제의 뜻을 거스르는 것이다. 결국 예부는 불허해야 한다는 의견을 강희제에게 올렸다. 그렇다면 불륜이 서문중에게 해 줬던 조언은 도대체 무엇인가. 거기까지 생각이 못 미쳤던가, 조선 사신이 그의 뜻을 잘못 이해했을 수 있다.

사정이야 어찌됐든 책봉이 또 거부될 위기에 놓였다. 조선 사신을 만나 주는 사람도 뇌물을 받고 도와주려는 이도 없었다. 별다른 방법이 없었다. 그렇다고 넋 놓고 앉아 있을 수만은 없었다. 내부에 반대하는 이도 있었지만, 전례 없는 극단적인 방법을 쓰기로 했다. 유월 이십팔일 숙소 앞에 돗자리를 깔고 앉아 곡을 하며 처지를 알리기 시작한 것이다. 만주족을 오랑캐라 경멸하고, 체면을 중시하는 조선 사

1697년 세자 책봉 주청사 정사 최석정 초상, 보물 제1936호

소론인 최석정은 치열한 당쟁의 시대에 살았다. 그가 숙종의 신임을 받으며 열 번이나 정승에 오를 수 있었던 것은 온건하고 실리를 추구하는 정치를 했기 때문이다. 그런 모습이 책봉을 청하는 사행에서도 여실히 드러난다. 마음속으로는 오랑캐를 경멸하면서도, 책봉을 받아 내기 위해 엎드려 곡을 했다. 여기서 조부의 모습도 보인다. 그의 조부는 병자호란 당시 적극적으로 화의를 주장해, 훗날 선비들로부터 나라 팔아먹은 사람이라 욕을 먹었던 최명길崔鳴吉이다.

대부로서는 상상할 수 없는 일이었다. 그만큼 사정이 급박했다. 이들이 한양을 떠나올 때는 이전 주청사가 중한 벌을 받았으니 자신들도 어떤 처벌을 받을지도 모른다는 두려움도 있었을 것이다. 문외출송이 아니라 위리안치될 가능성이 컸다. 그뿐만 아니라, 조선 내부에 정치적 분란이 일어날 수 있었다. 이윤은 폐위된 장희빈의 아들로 정통성이 강하지 않았기 때문이다. 왕위 계승을 두고 조선이 격랑에 휩싸일 수 있었다.

그들의 절박함이 전해졌을까 기적 같은 일이 일어났다. 예부의 의견을 가지고 강희제에게 이번 사안을 보고한 대학사 이상아伊桑阿가 조선에 유리한 방향으로 얘기해, 강희제가 특별히 왕세자를 책봉해 주기로 했다. 책봉하겠다는 황제의 명이 떨어진 칠월 초하루, 최석정, 최규서, 송상기는 안도의 숨을 내쉬었다. 누군가가 보기엔 구걸해서 얻어 낸 것으로 생각할 수도 있다. 외교란 원래 그런 것이다. 개인의 신념을 버리고 나라의 이익을 구하는 일이다.

왕의 동생,
국본國本이 가당한가

왕과 왕비가 오십이 될 때까지 적자가 없어야, 비로소 서장자를 왕세자로 세울 수 있다. 조선은 왕세자 책봉에 있어 청나라가 내세운 규정이 부당하다고 봤다. 그러나 책봉의 권한은 상국인 청에 있었다. 청은 이를 적용했고, 앞으로 지켜야 할 전례로 삼았다. 이 규정은 얼핏 보기에 쉬워 보이지만, 왕과 왕비의 건강, 정치적 문제 등을 고려하면 지키기 쉽지 않다. 18세기가 그랬다. 조선이 세운 왕위계승자들은 대부분 이 규정을 지키지 못했다. 지키지 못한 정도가 아니라, 정통성이 매우 약한 왕위계승자를 내세웠다. 대표적인 인물이 바로 이윤의 이복동생인 연잉군延礽君 이금李昑(훗날 영조)이다.

... 명분이 약한 사행,
누가 가려 하는가

이윤은 청으로부터 우여곡절 끝에 책봉을 받았으나, 소론과 노론의 당쟁으로 인해 세자 시절 그 지위가 안정적이지 못했다. 노론은 연잉군으로 세자 교체를 노렸으나 일을 성사시키지 못했다. 하지만 1720년 왕위에 오른 경종은 다음 해 노론의 압박 속에 연잉군을 왕세제로 삼았다. 이 이야기는 〈해치〉라는 드라마로 만들어질 만큼 극적이다. 문제는 청으로부터 책봉을 제대로 받을 수 있는가였다. 연잉군은 서장자도 아닌 이복동생이었다. 게다가 경종이 즉위한 지 1년밖에 되지 않았고 나이가 서른세 살이었다. 왕비 어 씨는 열일곱 살이었다. 나이로만 보면 충분히 왕손을 만들 수 있는 나이였다. 누가 봐도 연잉군을 왕세제로 삼은 것은 뭔가 이상해 보일 만했다.

상황이 이러니 누가 사신으로 가려 했을까. 우리에게 잘 알려진 김창업의 《노가재연행일기》, 홍대용의 《을병연행록》, 박지원의 《열하일기》를 보면 누구나 청나라에 가서 구경하고 싶은 것처럼 보인다. 하지만 사행에 참가해 청나라를 유람하고 싶다는 생각이 넓게 퍼진 것은 18세기 후반이나 되어서다. 이때부터는 연행록의 책명에 '볼 관觀'이나 '헤엄칠 유游' 등이 들어간다. 그 이전까지만 하더라도 청을 야만족이라며 멸시하는 마음이 강했고, 고생하면서 그 먼 곳까지 가 유람하고픈 욕망도 크지 않았다. 특히 사행을 책임져야 하는 삼사는 더욱 그랬다. 서장관의 경우 그런 경우가 적지만 나이가 꽤 되는 정사나 부사는 병이나 부모님을 모셔야 한다는 핑계로 체직하는 경우가 많았다. 사행임무가 중대할 경우에는 더욱 그랬다.

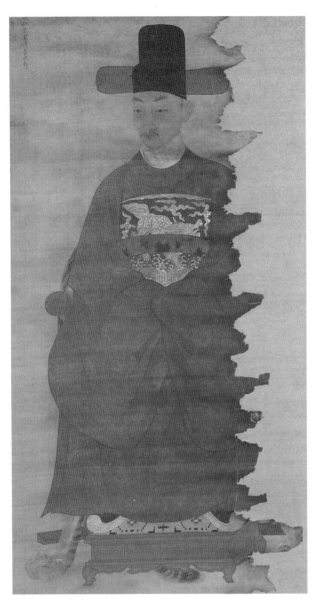

연잉군 초상, 보물 1491호
(국립고궁박물관 소장)

1714년 연잉군이 21세 때 제작된 것으로 알려진 초상화이다. 숙빈 최 씨에게서 태어난 연잉군은 이때 자신이 왕이 되리라는 꿈도 꾸지 못했을 것이다. 왕비에게서 나온 자식이 아니니 정통성이 부족했을 뿐만 아니라, 격렬한 당쟁 속에서 잘못 발을 내딛는 순간 목숨을 잃을 수도 있으니 말이다. 오직 조용히 보신하는 것이 최선이었다.

이번에는 사안이 중했다. 당쟁 속에 왕세제가 정해졌고, 정통성이 약했다. 《대명회전》의 규정에 부합하지 않아 책봉 주청이 거부된 전례가 있었다. 쉽지 않은 사행이었다. 경종은 이이명李頤命, 이건명李健命, 조태채趙泰采와 함께 노론의 4대신인 영의정 김창집金昌集을 정사로 임명했다. 김창집은 1712년(숙종 38) 청나라에 사행을 다녀온 적이 있고, 연잉군을 미는 노론 대신이니 책임지고 일을 처리할 수 있었다. 하지만 당시 정국이 심상치 않았다. 갑작스레 연잉군이 왕세제로 정해지면서 소론의 반발이 거셌다. 함부로 자리를 비울 수가 없었다.

결국 왕족인 여산군礪山君 이방李枋으로 교체했다. 여산군은 숙종 시기 네 차례나 사행을 다녀온 경력이 있었다. 게다가 사신이 왕족인 경우 청에서 우대했기 때문에 더없이 좋은 인선이었다. 하지만 그는 이번 임무가 막중하고 10여 년간 네 차례나 청나라에 다녀와 병이 심하다며 체직 상소를 올렸다. 경종은 걱정하지 말고 다녀오라고 했지만, 여산군은 총 네 차례나 체직 상소를 올려 결국 사신의 직을 맡지 않았다. 그가 건강이 좋지 않았던 것은 맞다. 하지만 왕세제 책봉 주청이라는 임무의 부담을 감당할 수 없었음도 분명하다. 그런데도 경종이 계속해서 체직하지 말라고 한 것은 그만한 이가 없었기 때문이기도 하다.

이제 누가 정사를 맡을 것인가. 노론 4대신 중 한 명인 좌의정 이건명이 맡았다. 그 또한 1698년(숙종 24) 서장관으로 청나라에 다녀온 적이 있었으며, 노론의 중추적 인물로 정치적 생명을 위해 전력을 다할 준비가 된 자였다. 그는 책봉 주청이 실패한 전례가 있는 만큼 출발 전부터 철저히 준비했다. 국왕의 기운이 약해 후사를 이을 희망이 없고, 경종의 증조부인 효종과 조부인 현종에게 방계가 없으며, 숙종의 아들은 경종과 연잉군뿐이라며 정통성을 강조하는 주청문을 작성했다. 은

2만 냥이라는 막대한 뇌물도 준비했다. 조선에 칙사로 온 적이 있는 청의 예부시랑 나첨羅瞻을 공략해야 한다는 전략도 세웠다. 이번 사행에 실패하면 노론의 정치적으로 큰 위험에 처할 수 있으니 짜낼 수 있는 준비는 모두 한 것이다.

...주청사奏請使, 대면 조사를 당하다

정사 이건명, 부사 윤양래尹陽來, 서장관 유척기兪拓基는 시월 이십오일 경종에게 출발 인사를 드리고 이틀 뒤 한양을 떠났다. 두 달 뒤인 십이월 이십팔일에 북경에 도착했다. 조선 사신이 짐을 푼 곳은 북경성 북동쪽에 위치한 십방원十方院이란 곳이었다. 원래는 예부 근처의 회동관에서 머무르지만, 러시아 사절단이 거주하고 있어 예부에서 거리가 꽤 떨어진 십방원에 머무를 수밖에 없었다. 나첨은 조선 사신단이 도착했다는 소리를 듣고 사람을 보내 역관 이석재와 한두강, 그리고 의관 임대제를 보길 청했다. 이들은 나첨이 조선에 칙사로 갔을 당시 교유했던 인물들이었다. 이건명이 연락도 보내기 전에 나첨이 적극적으로 연락을 해 온 것이다.

이건명의 입장에서 나첨이 주동적으로 나온 것은 책봉 임무를 완수하기 위해 나쁘지 않았다. 나첨은 이번 책봉 주청은 문제가 없을 것이라고 조선 사신들을 안심시켰다. 다만 순조롭게 일을 처리하기 위해서는 돈이 필요하다며 적지 않은 뇌물을 요구했다. 정월 십팔일 그는 2만 냥이라는 엄청난 금액을 요구했다. 사신단이 뇌물을 주기 위해 준비해 온 돈이 2만 냥이었다. 모두 현금으로 가지고 있는 것도 아니었다. 일부는 현금으로, 일부는 귀국 전 회동관 무역을 통해 충당해야 했다. 게다가 이미 일부 비용을 정보 수집 등을 위해 사용한 터였다. 이건명은 어쩔 수 없이 나첨의 요구를 거절했다. 나첨은 며칠 뒤 조선의 책봉 문제가 내각에서 논의될 거라며 내각에 선을 대기 위해 은 5천 냥을 재차 요구했다. 이 또한 적지 않은 금액이기에 삼사는 고민했지만, 이건명은 돈을 건네주었다.

그러나 뇌물을 줬음에도 일이 제대로 풀리지 않았다. 삼사는 나첨에 많이 의지하면서도, 중대한 사안인 만큼 예부의 필첩식, 제독, 서반 등으로부터 다양한 정보를 수집하고 있었다. 정월 이십이일 여러 루트를 통해 내각의 대학사와 예부 당상이 오문 밖 사무실에서 회의를 열 것이며, 사신을 불러 조사할 것이라는 정보가 전해졌다. 다음 날, 삼사는 예부 통관의 인솔하에 조사 장소로 향했다. 대학사 송주松柱, 왕욱령王項齡, 왕섬王掞, 예부상서 뇌도賴都, 진원룡陳元龍, 내각학사 아극돈阿克敦, 액화납額和納, 격용포格甬布, 이주망李周望, 예부시랑 왕사식王思軾, 나첨이 기다리고 있었다. 모두 1, 2품의 고위 관료였다. 이는 청대 대외관계에서 유일무이한 일로 강희제가 조선의 왕위 계승에 상당한 관심을 보였음을 보여 준다.

왕세제 책봉은 극히 이례적인 일이지만, 강희제가 대면 조사까지 진행한 것은 청나라의 황위 계승과도 밀접한 관련이 있어 보인다. 앞서 등장했던 황태자 윤잉胤礽은 1674년에 태어나 다음 해 황태자에 봉해졌다. 강희제의 첫째 아들인 승호承祜가 일찍 죽은 까닭이었다. 하지만 이후 강희제의 신망을 잃으며 1708년 폐위되었다. 다음 해 복위됐지만, 1712년 폐위되었다. 이즈음 청에서도 황위 계승 경쟁이 치열해지기 시작했다. 그렇기에 강희제가 조선의 왕위 계승 문제에 많은 관심을 보인 것은 자연스러운 일이었다.

　이건명을 비롯한 삼사는 분위기에 압도당했다. 그렇다고 넋 놓고 있을 수만은 없었다. 어떻게든 이들을 설복해 책봉을 받아 내야 했다. 그나마 다행히 조사는 필담으로 이루어졌다. 말로 하는 것보다 생각할 여유가 있었다. 대학사를 중심으로 국왕의 나이, 건강 상태, 자녀 문제, 연잉군의 나이, 국왕과 모친이 같은가 등의 질문이 쏟아졌다. 이 중 가장 핵심적인 질문은 경종의 건강 상태였다. 삼사는 처음에 국왕이 35세인데, 어려서부터 병약하였으며, 후사를 보기 위해 약을 썼으나 무용하여 희망이 없다고 답했다. 한 대학사가 국왕이 병환으로 쇠약한가 묻자, 삼사는 몸에 힘이 없는 증세가 있을 뿐 조정에 나가 정사를 돌보니 쇠약하다 말할 수 없다고 답했다. 국왕의 건강에 대해 함부로 언급하는 것은 불경죄에 해당하지만, 책봉을 위해 최대한 에둘러 말한 것이다. 쇠약하다 하면 국정을 돌볼 수 없을 터이니 왕위를 물려주라고 할지도 몰랐다. 그러나 쇠약하지 않다고 하면 기력을 회복해 후사를 볼 수도 있으니 왕세제를 책봉할 명분이 없었다. 그렇기에 삼사는 납득하기 어려운 답을 내놓았다. 조사가 끝나고 삼사가 방을 나오자, 예부 통관 한 명이 좇아와 한 대학사의 말을 전했다. 국왕이 병이 있다 하나 평소 말랐는지 아니면 뚱뚱한가를 물었다. 삼사는 풍채가 좋다고 답했다. 잘못된 신호를 줄 수 있지만, 최선의 답이었다.

　대면 조사가 있은 후 근 한 달 동안 예부에서 논쟁이 벌어졌다. 예부 시랑 나첨을 중심으로 책봉을 건의해야 한다는 찬성파와 예부상서 뇌도를 중심으로 《회전》의 규정과 전례에 따라 거부해야 한다는 반대파로 입장이 갈렸다. 특히 뇌도는 조선 사신이 이번 일을 위해 많은 돈을 가져왔다며, 나첨이 돈을 받은 것이 아닌가 의심하고 있었다. 예부에서 갑론을박이 계속됐다. 이 같은 소식은 비공식 루트를 통해 조선 사신단에 속속 전해졌다. 조선 사신단은 입이 바짝바짝 타들어 갔나. 게다가 제독이 일을 해결해 주겠다며 계속해서 뇌물을 요구했다. 예부시랑 나첨도 해결하지 못한 문제를 사신의 일상과 보안을 관리하는 제독이 일을 해결해 줄 수 있다는 것은 어불성설이었다. 돈을 뜯어 내기 위한 계책에 불과했다.

하루하루 불안감이 가중되자 역관 이추李樞가 용하다는 점쟁이를 찾아 언제쯤 뜻을 이뤄 조선에 돌아갈 수 있을지 점을 보기도 했다. 점쟁이가 어떤 답을 줬는지 알 수 없지만, 황제의 마음을 알 리가 없었다. 이월 이십일 나첨이 갑작스레 소식을 전해 왔다. 전력을 다했지만, 최종적으로 예부에서 책봉을 불허하는 의견을 올렸다는 얘기였다. 청천벽력 같은 일이었다. 나첨은 예부의 주접이 올라가면 내각에서 논의가 있을 테니 대학사 마제馬齊에 선을 대야 한다며 돈을 요구했다. 이건명은 그의 얘기를 믿을 수가 없었다. 그동안 정보를 통해 며칠 전부터 일이 틀어질 것이라는 짐작을 했다. 그런데 나첨은 지난 한 달 동안 아무 얘기가 없다가 갑작스레 마제 얘기를 꺼낸 것이다. 마제가 도와줄 수 있다면, 당초 그에게 선을 대야 한다고 할 것이지 이제 와서 그런 말을 하니 믿음이 가지 않았다. 나첨이 계속해서 자신을 믿으라고 했지만, 일은 계속 꼬여 갈 뿐이었다. 게다가 마제는 조선 사신의 조사 때 등장하지도 않은 인물이었다.

... 성공한 임무,
위리안치당한 삼사

이때 구세주가 등장했다. 바로 상명常明이라는 인물이었다. 상명은 정묘호란 때 청에 포로로 끌려간 조선인의 후예로 2품의 내무부시위內務府侍衛라는 높은 관직에 있었다. 그의 어머니가 강희제의 유모였기에 그는 황제의 총애를 받았다. 그가 조선 사신과 연을 맺은 것은 3년 전 산해관에서 세무 업무를 보면서다. 조선 사신이 북경에 가기 위해서는 반드시 산해관을 거치는데 비교적 엄격한 검사를 받게 된다. 당시 상명은 조선 사신의 편의를 많이 봐 줬다. 그 인연이 북경으로 돌아와서도 이어졌다. 이번 사신단에는 상명의 먼 친척이라 할 수 있는 만상군관 김진필金震弼이 있었다. 김진필은 북경에 도착한 후 얼마 안 있어, 정사 이건명에게 사정을 고하고 상명을 찾아갔다. 이건명은 역관을 붙여 보내면서 청심환과 부채 등 선물을 보냈다. 이후 서로 서신과 선물을 주고받으며 정을 쌓았다. 상명은 조상의 분묘가 있는 고국을 항상 그리워하며 언제든 도울 일이 있으면 돕겠다고 얘기했다. 나첨이 마제에 선을 대야 한다고 한 바로 이 시점에서 이건명은 혹시나 하는 마음으로 상명에게 도움을 청했다. 이월 십구일의 일이었다.

조선 사신단의 딱한 사정을 들은 상명은 힘을 다해 돕겠다고 했다. 그가 제안한 방식은 나첨과 같았다. 마제를 통해야 일을 해결할 수 있다는 것이었다. 마제는 매우 청렴하며, 황제가 신뢰하니 그가 좋게 말하면 문제없이 일이 해결될 수 있다고 얘기하면서, 자신은 그와 매우 친하니 전혀 걱정하지 않아도 된다고 얘기했다. 며칠 뒤 상명이 소식을 전해 왔다. 마제와 만나 얘기를 했는데, 황제의 근신에게도 부탁해

여론을 조성해야 하니 빈손으로 힘들다는 뜻을 비쳤다. 하지만 더는 다른 방법이 없었다. 은 4천 냥과 준마 2마리를 상명에게 보냈다.

기적 같은 일이 일어났다. 이월 이십사일 마제가 조선 책봉 건을 강희제에게 보고했고, 황제가 특별히 책봉한다는 명을 내렸다. 이제 마음 편안히 조선으로 돌아갈 수 있었다. 청의 책봉으로 노론이 미는 연잉군의 왕세제 자리는 더욱 공고해질 수 있었다. 이건명은 상명에 고마운 마음을 전하고자 사례금을 보냈으나, 상명은 받지 않았다. 자신은 고위직에 재산도 많을 뿐더러 물려줄 자식도 없다며 재물을 탐하지 않는다고 했다. 이후에 상명이 적극적으로 조선을 도와주며 재물을 탐하는 것을 보면 그것이 진심인지, 아니면 이후 사업을 위한 계책이었는지 모르겠다.

사신단이 북경에서 책봉을 위해 노력하는 동안, 조선에서는 노론과 소론 사이에 치열한 당쟁이 있었다. 경종은 사신단이 한양을 떠난 이후에 왕세제의 대리청정을 명했는데, 이를 두고 논쟁이 일어난 것이다. 결국 경종은 십이월 대리청정을 철회하게 된다. 소론의 정치적 승리였다. 소론은 기세를 몰아 대리청정을 이끈 노론 4대신의 처벌을 요구했다. 왕세제의 지위가 위태로웠다. 이런 와중에 이건명이 삼월 구일 파견한 선래군관이 조선에 도착해 책봉 승인 사실을 전했다. 삼월 이십육일 이 소식이 조선 조정에 전해졌고, 흔들리던 왕세제는 지위를 공고히할 근거를 마련했다.

그러나 소론은 정치 공세를 계속해 나갔다. 청이 왕세제를 승인한 만큼 공세의 고삐를 늦출 수 없었다. 책봉 승인이 전해진 다음 날 목호룡睦虎龍은 정인중鄭麟重, 김용택金龍澤 등 노론 인사가 역모를 꾀했다고 고변했다. 이 고변으로 이건명은 압록강을 건너자마자 바로 체포되어 섬에 위리안치되었다. 사월 십팔일 부사 윤양래와 서장관 유척기만 한양에 도착해 경종에 복명했다. 책봉이 성사된 것을 모두 축하했다. 청의 책봉을 받은 만큼 왕세제의 책봉을 문제 삼는 것은 외교적 문제로 비하될 수도 있기 때문이다. 소론은 왕세제가 마음에 안 들었겠지만 별다른 방도가 없었다.

소론은 또다시 꼬투리를 잡았다. 윤양래와 유척기가 복명한 지 두 달 뒤에 사간원과 사헌부가 주청사의 북경에서 언사를 문제 삼아 탄핵했다. 삼사는 청의 대면 조사에서 매우 신중하게 경종의 건강 상태를 얘기했지만, 그들의 얘기가 불경하다는 것이었다. 사신은 책봉의 명분이 바르고 문제가 없는데도 국왕의 건강을 얘기해 모욕했다고 비판했다. 마땅히 이건명과 함께 있었던 윤양래와 유척기 또한 위리안치시켜야 한다고 고했다. 경종은 이를 받아들였다.

그렇다면 책봉을 받기 위해 삼사가 국왕을 모욕했는가. 절대 아니다. 책봉의 결정권을 지고 있는 자들이 왕의 건강을 묻는데 어찌 답하지 않을 수 있단 말인가. 동생을 왕위계승자로 삼는 것은 명분이 있는가. 주청사를 비판한 이들조차도 명분이 없다고 생각했을 것이다. 연잉군이 왕이 되는 것은 자신들에게 불리하니까 말이다. 이는 정치 공세를 위한 궤변에 불과하다. 책봉을 승인한 강희제도 왕세제는 명분이 없다고 생각했다. 왕세제를 책봉하며 얘기하길 이는 임시방편일 뿐 왕에 좋은 소식이 있으면 바로 보고하라고 했다. 왕이 아들을 낳으면 왕세제를 폐하고 왕위계승자를 다시 세우라는 얘기였다.

국내 정치 문제로 대외교섭 과정의 책임을 물으니 참으로 암울하다. 《경종실록》의 편찬자들은 전후 맥락도 지워 버렸다. 주청사가 북경에서 불경한 언사를 남발했다고 하면서도, 상세한 근거를 수록하지 않았

사신을 따라 청나라에 가다

다. 선래군관의 자문, 윤양래와 유척기의 복명 보고 등이 있었을 텐데 말이다. 이들의 노고가 재평가받은 것은 영조가 왕이 되고 나서다. 영조 즉위 후 이관명李觀命이 상소를 올려 주청사의 비판 내용을 조목조목 반박했다. 심지어 선래군관의 보고서의 글자를 조작한 부분도 있다고 주장했다. 영조는 이관명의 상소에 수긍하면서도 일을 키우지 않았다. 정조가 즉위하고 나서는 소론이 중심이 되어 편찬됐던 《경종실록》의 보완을 위해 《경종수정실록》을 편찬했다. 《경종수정실록》 경종 이년 삼월 이십육일 기사에는 삼사가 청 관료들에게 조사받은 기록이 고스란히 수록되어 있다.

전례에 어긋난 왕세자 책봉

경종은 오래 살지 못했다. 즉위 3년 만에 세상을 떠났다. 1724년 어렵게 왕세자로 책봉되었던 영조가 즉위했다. 영조 하면 떠오르는 것이 탕평책이다. 그만큼 즉위 초기 당쟁이 심했으며, 왕권이 불안정했다. 왕권을 안정시키기 위해 왕세자를 일찍 정할 필요가 있었다. 영조는 즉위 다음 해 정빈 이 씨에게서 태어난 이행李緈을 왕세자로 삼았다. 이행의 나이 일곱 살이었다. 보통 열 살 이전에 조선에서 왕세자를 세우니 어린 나이는 아니다. 청에 책봉 승인을 받는 것은 그때그때 다르지만, 영조는 서둘러 책봉 주청사를 준비했다.

... 빈의 아들을 세자로 청하다

주청사의 정사로 왕족인 여성군礪城君 이즙李楫이 낙점됐다.

이즙은 왕세제 책봉 주청사의 정사를 여러 차례 고사했던 여산군 이방의 동생이다. 이즙은 모친이 위중하다며 사직을 청했다. 조선시대 사행을 떠나기 싫은 이들이 흔히 쓰는 변명이었다. 조선이 효를 중시하는 국가였던 만큼, 가장 잘 통하는 이유였다. 영조는 단칼에 거부했다. 사신이 왕실의 종친일 경우 청나라에서 더 우대해 줄 뿐만 아니라, 이즙은 여러 차례 청에 다녀온 적이 있어 더없이 좋은 적임자였다. 이번 사행이 쉬웠다면 그를 임명하지 않았을 것이다. 앞의 두 차례 세자 책봉이 어렵게 이루어졌을 뿐만 아니라, 이번 책봉도 "왕과 왕비가 오십이 될 때까지 적자가 없어야, 비로소 서장자를 왕세자로 세울 수 있다"는 전례에 맞지 않았다. 명분이 약하니 영조에게는 믿을만한 사람이 필요했다.

어쩔 수 없이 중책을 맡은 이즙은 철저한 준비에 나섰다. 왕세제 책봉 당시 중요한 역할을 했던 이추, 김시유를 역관으로 선발했다. 이들은 이전에 상명과 연락을 도맡았던 사람이다. 지금도 지난 책봉 주청 때에 준하는 수준으로 준비했다. 책봉의 명분을 강조한 주청문도 준비했다. 모든 것을 전례에 따라 준비했다. 여러 차례 세자 책봉의 풍파를 겪으며, 나름의 대응 방안이 만들어졌다.

주청사는 오월 십팔일 압록강을 건너, 유월 이십일일 북경에 도착했다. 다음 날 예부에 주청문을 제출했다. 칠월 육일 책봉 안건이 옹정제에게 보고되었고, 며칠 뒤 예부에서 논의해 올리라는 명이 내려왔다. 당시 예부상서는 전에 연잉군의 왕세제 책봉을 반대했던 뇌도였다. 뇌도는 책봉의 일은 오로지 황제의 뜻에 달려 있으니 경거망동하지 말고 기다리라고 했다.

예부에서 격렬한 논쟁이 일어났다. 책봉을 찬성하는 측은 이윤의 왕세자 책봉과 연잉군의 왕세제 책봉 때 황제가 특별히 은혜를 베푼 전례가 있기에 책봉해야 한다고 주장했다. 불허를 주장하는 측은《대명회전》에 규정이 있고, 이로 불허한 적이 있는 만큼 책봉을 반대했다. 규정이 있고 전례가 있으니 격론은 당연했다. 황제에게 의견을 올려야 하니 사리에 맞아야 했다. 황제도 강희제에서 옹정제로 바뀌었다. 옹정제는 올라오는 보고를 하나하나 친히 처리하는 일벌레에 깐깐하기로 소문난 황제였다. 하지만 조선 사신은 크게 걱정하지 않았다. 상명을 통해 마제와 접촉해 둔 상태였기 때문이다.

예부의 의견은 칠월 이십삼일 내각에 제출되었고, 다음 날 황제에게 올려졌다. 이번 안건은 왕세제 책봉 때처럼 마제가 보고했다. 옹정제는 왕과 왕비가 50세가 넘어도 적장자가 없어야, 다른 이를 세자로 삼을 수 있다는 규정을 문제로 조선이 재차 주청한 뒤에야 책봉했는데, 이번에는 왜 다른지 물었다. 마제는 당시 대학사 이상아伊桑阿가 조선의 사정을 특별히 고려해 책봉해야 한다고 건의해 이를 따랐다고 답했다. 이에 옹정제는 책봉하지 않으면, 조선이 계속해서 사신을 파견하는 병폐가 생길 수 있다며 책봉을 특별히 허했다. 만약 마제가 반대했다면, 책봉이 이루어지지 않을 수 있었다. 상명이 미리 손을 써 둔 덕분에 일이 잘 마무리되었다.

안타깝게도 이행은 오래 살지 못했다. 책봉을 받은 지 4년 뒤인 1728년(영조 4) 세상을 떠났다. 이후 영조는 오랫동안 아들을 보지 못했다. 7년 뒤인 1735년(영조 11)에서야 영빈 이 씨에게서 아들이 태어났다. 이선李愃, 바로 훗날 아버지의 노여움을 받아 뒤주에서 생을 마감한 사도세자다. 영조는 이선이 태어나자마자 왕비 서 씨에게 입적시키고, 다음 해 세자로 삼았다. 이렇게 빨리 세자를 정하는 것은 매우 이례적이다. 태어나자마자 얼마 안 되어 죽는 일이 비일비재하기 때문이다. 게다가 너무 어리면 책봉례를 수행하기도 쉽지 않았다. 그럼에도 태어나자마자 왕세자로 세운 것은 영조가 그만큼 고대하던 아들이었다는 얘기다.

영조는 청에 책봉 주청도 서둘렀다. 하지만 명분이 약했다. 이때 영조의 나이가 42세였다. 왕비 심 씨는 영조보다 두 살 많았다. 왕과 왕비의 나이가 적진 않았지만, 책봉 주청 때마다 거론되던 50세에는 미치지 못하는 나이였다. 게다가 세자의 나이도 너무 어려 논쟁의 빌미를 줄 수 있었다.

사행의 임무가 중하다보니 사행을 가려 하는 이가 없었다. 정사로 임명되었던 우의정 송인명宋寅明, 여천군驪川君 이증李增, 해흥군海興君 이강李橿 등이 연달아 사임했다. 상명이라는 안정적인 비공식 루트가 있었지만, 예부에서 매번 논쟁이 있는 만큼 이번 사행은 부담이 됐다. 일이 틀어지면 일신을 지키기 힘들었다. 그래도 누군가는 가야 하지 않는가. 결국 판부사 서명균徐命均이 총대를 맸다. 준비 방식은 이전과 비슷했다. 주선 자금을 준비하고 책봉의 연유를 상세히 밝힌 주청문을 마련했다. 특히 주청문에서는 세자로 책봉됐던 이행이 불행히 사망한 일과 오랫동안 후사가 없어 걱정했던 영조의 마음고생을 강조하며 감정에 호소를 했다. 이와 함께 사행 경험이 풍부한 역관을 선발했다.

정사 서명균, 부사 유엄柳儼, 서장관 이철보李喆輔는 칠월 이십오일 영조에게 인사를 드리고 한양을 떠나 북경으로 향했다. 윤구월 육일에 북경에 도착했다. 이제 상명과 의논해 임무를 잘 완수하면 됐다. 그런데 도착 첫날 예상밖의 일이 일어났다. 회동관 제독이 주선해 주겠다며 뇌물을 요구했다. 청나라 관원들의 뇌물 요구는 늘 있는 일이었다. 그들은 회동관 출입의 편의를 봐 준다거나, 서신 전달 혹은 정보 제공

이철보 초상화
(국립중앙박물관 소장)

이철보는 이선의 왕세자 책봉을 위한 주청사 서장관으로 청나라에 다녀왔다. 서장관은 사행단의 실무를 책임지고, 사행에서 있었던 일을 소상히 기록해야 하는 임무가 있다. 그는 사행 보고서로《정사연행일기丁巳燕行日記》를 남겼다.《지암유고止庵遺稿》에 수록된 이 연행록에는 당시 시도 때도 없이 뇌물을 요구하는 청나라 관원과 그들 때문에 속앓이를 했던 삼사의 모습이 잘 묘사되어 있다.

사신을 따라 청나라에 가다

등으로 돈을 챙겼다. 이번엔 달랐다. 제독이 너무 적극적으로 나왔다. 삼사는 제독의 요구를 거부했다. 상명을 통해 일을 처리하면 되는 만큼 제독의 도움이 필요 없었기 때문이다.

조선 사신이 뇌물을 주지 않자 제독은 십이왕十二王 윤도胤祹와의 관계를 강조했다. 삼사가 도착한 해에 건륭제가 옹정제를 이어 막 즉위했다. 윤도는 건륭제의 숙부로 건륭제는 즉위 초기 그를 중용했다. 그가 맡은 업무 중 하나가 예부 관련 사무였다. 조선 사신은 사행 전부터 이러한 사실을 잘 알고 있었다. 하지만 제독이 윤도와 가까운 사이인지 알 수 없었다. 만에 하나 그가 윤도와 가까운 사이라면, 상명을 통하더라도 일이 꼬일 수 있었다.

... 사방에서 돈을 요구하다

돈을 줘야 하는가, 말아야 하는가. 삼사는 갈등에 빠졌다. 고민 끝에 예부 통관 유만권劉萬卷에게 사정을 알아 봤다. 유만권은 제독에게 돈을 준다면, 상명과 관계가 틀어질 수 있으니 우선 상명과 상의토록 조언해 줬다. 이 조언이 묘하다. 그런 뜻이 담겼는지 모르겠지만, 상명은 그동안 조선의 일을 주선해 주며 돈을 챙겼는데 그 돈줄을 끊어 버리면 큰일 날 수 있다는 얘기처럼 들린다. 조선 사신도 상명이 재물을 탐한다는 것을 잘 알고 있었다. 그는 처음에 그렇지 않았지만, 점점 돈을 밝혔다. 심지어 1734년(영조 10)에는 자신이 주선하면 되니 사신은 오지 않아도 된다는 말도 했다. 돈만 보내면 된다는 뜻이었다. 사행에 돈이 드니 조선을 생각해서 해 준 이야기인지 모르나, 돈만 보내고 나면 그가 무슨 일을 어찌 처리하는지 알 방도가 없다. 그가 일을 꾸미며 더 많은 뇌물을 요구할 수도 있었다.

삼사는 상명에게 기별을 넣었다. 윤구월 십일일 상명은 조선 역관과 어의를 자택으로 불렀다. 자신은 윤도와 가까울 뿐만 아니라, 정1품인 영시위내대신領侍衛內大臣이니 걱정하지 말라고 했다. 그러면서 주선 비용으로 은 5천 냥을 요구했다. 삼사는 그 말을 철석같이 믿었다. 돈은 탐해도 상명이 일처리는 잘했기 때문이다. 이십이일 황제에게 책봉 안건이 보고됐다. 유만권은 황제께서 전에 선황제가 책봉했던 전례에 따라 조선의 주청을 윤허하겠다는 뜻을 보이며, 예부에서 의논해 의견을 올리라 명했다고 소식을 전해 줬다.

그런데 한 달이 지나서야 예부에서 논의가 끝났다. 결과를 기다리던 조선 사신에게 지옥 같은 시간이었다. 일이 어떻게 돌아가는지 제대로 알 수 없었다. 믿었던 상명도 여러 차례 말을 바꿨다. 내일 예부에서 의견을 올린다고 했다가, 일이 미뤄지고 윤도에게 선을 대야 한다며 돈을 더 요구했다. 유만권과 제독도 마찬가지다. 그들은 논의되는 과정을 끊임없이 사신에게 알려줬다. 특히 제독은 윤도가 자신에게 예부의 의견을 담은 초고를 작성하라고 명했다고 은근히 협박했다. 사실 이는 불가능한 일이다. 초고는 예부의 원외랑員外郎이 작성해 예부에서 심의를 거쳐야 한다. 제독은 심의에 참여할 자격도 초고를 작성할 권한도 없었다. 윤도의 뒷배가 그렇게 센 것이란 말인가. 삼사가 쉽게 믿을 수 있는 말이 아니었다.

황제의 즉위 첫해라 다양한 의례 행사로 예부가 많이 바빴지만, 황제가 책봉 의사를 밝힌 만큼 예부에서 한 달이나 끌 필요가 전혀 없었다. 삼사는 예부 관원들이 주선의 명분으로 돈을 뜯어 내기 위해 시간을 끈다고 생각했다. 하지만 그 술책에 넘어갈 수밖에 없었다. 무슨 변수가 생긴 것은 아닌가 걱정이 됐다. 믿었던 상명마저 말을 자꾸 바꾸고 돈을 더 요구하니 불안한 마음은 더해졌다. 그러면서 다른 이들의 혀 놀림에 넘어갔다. 알면서도 당했다. 윤구월 이십이일의 정보처럼 책봉은 문제없이 이루어졌다. 책봉을 받아 냈지만, 삼사는 주선해 준 이들에게 감사의 마음이 들지 않았다. 이번 일로 한몫 챙기려는 이들에게 강한 반감을 품었다.

... 청나라만 탓할 수 있을까

그런데 뇌물을 더 받아 내려는 청나라 관원만 욕해야 할까. 조선 사신이 주선을 위해 돈을 써 왔고, 이번에도 적지 않은 돈을 가지고 온 걸 아는 이들이 그 돈을 털기 위해 달려든 것은 어찌 보면 당연해 보인다. 그런 돈이 없었다면 노골적으로 요구하는 일도 없었을 것이다. 책봉을 주청하는 명분이 강했다면, 책봉 여부를 걱정할 필요도 없었을 것이다. 절실함을 이용해 돈을 갈취한 이들이 나쁜 놈이긴 하지만, 그들의 탐욕만을 탓할 수는 없다. 예부가 사신에게 책봉을 알리는 자문을 보면 잘 알 수 있다. 그 자문에는 이전 세 차례의 왕세자 책봉이 모두 전례에 맞지 않다고 지적했다. 황제가 특별히 은혜를 베풀어 책봉했고, 이번에도 조선의 사정을 고려해 특별히 책봉한다고 되어 있다. 이번까지 조선의 왕세자 책봉 주청은 연달아 네 번이나 규정에 부합하지 않았던 것이다.

사신들의 노력으로 사도세자는 청나라의 책봉을 받았다. 하지만 사신의 노고는 물거품이 됐다. 그는 아버지의 기대에 부응하지 못했고, 노여움만 사다 뒤주에 갇혀 죽었다. 영조가 그리 서둘러 책봉을 할 필요가 있었을까. 숙종은 일곱 살에 세자로 정해지고 열다섯 살에 왕위에 오를 때까지 청의 책봉을 받지 않았다. 청은 이를 두고 문제 삼은 적이 없다. 조선이 왕세자 책봉 주청을 늦게 해도 큰 문제가 없었다는 얘기다. 세자 책봉 주청사를 파견할 때 영조가 마흔두 살이었으니 오십이 될 때까지 8년만 기다리면 됐다. 그때까지 세자를 교육하고, 훌륭한 왕이 될 수 있는 자질을 살펴볼 수는 없었을까. 영조는 조급한 마음에 무리수를 뒀다. 이로 인해 사신들의 임무 수행을 어렵게 만들었다. 아들에 대한 과한 기대감은 아들을 죽음에 이르게 만들었다.

영조가 사도세자의 뒤를 이어 왕위계승자로 삼은 이는 사도세자의 아들 이산李祘(훗날 정조)이었다. 훗날 성군이 되는 정조가 왕위계승자로 정해진 것은 다행이나 청의 책봉을 받아 내는 것은 만만치 않은 일이었다. 영조는 1759년(영조 35)에 왕세손으로 삼았던 이산을 1762년(영조 38) 사도세자가 죽자 이미 죽은 효장세자의 후사로 삼았다. 다음 해 바로 청나라에 주청사를 보냈다. 하지만 청나라 예부는 건륭제에게 책봉할 근거가 없다고 고했다. 이산은 영조의 손자임에도 세손이 아니라 세자를 칭해 책봉을 청하고 있고, 역대 사서와 경전을 뒤져도 손자를 세자로 책봉한 사례가 없다는 이유였다.

손자가 왕위를 계승하는 경우가 전혀 없지는 않았다. 하지만 왕위계승자와 책봉은 전혀 다른 문제였다. 이럴 경우 책봉을 왕세자로 할지 왕세손으로 할지 문제가 있기 때문이다. 그러나 이번에도 각고의 노력으로 책봉을 받아 냈다. 당시 사신으로 떠났던 이들의 연행록이 남아 있지 않아 자세한 교섭 과정을 알 수 없지만, 주청 정사였던 장계군

長溪君 이병李楴은 귀국 후 영조에게 보고하는 자리에서 황제가 전례를 더욱 자세히 살피도록 하여 일이 순조롭게 풀리지 않았는데, 역관들이 전력을 다해 주선하여 일이 성사될 수 있었다고 설명했다.

1697년(숙종 23) 이윤이 청으로부터 왕세자 책봉을 받지 못한 경우를 제외하면, 조선은 청으로부터 모두 책봉을 받았다. 표면적으로 책봉은 순조로웠던 것 같다. 그러나 과정을 보면 이야기가 달라진다. 책봉은 거저 얻어진 것이 아니다. 사신들의 피나는 노력으로 얻어진 것이다. 그 노력의 대가를 받은 이도 있었고, 당쟁 속에 불경죄로 처벌당한 이도 있었다. 외교라는 것이 그런 것이다. 결과로 평가받고, 국내 정치로 인해 결과를 이루는 과정이 부정되기도 한다. 그것이 비단 당시의 일만은 아니었다.

조선 사신단의
북경 숙소

사신이 북경에서 거주하는 비용은 상국인 청나라가 소정의 비용을 부담했다. 숙소와 음식, 땔감 등을 지원해 줬다. 멀리서 온 이들을 우대한다는 것이었다. 먼 곳에서 천하를 다스리는 천자의 도시를 찾아왔으니 황제의 은혜로 보살펴 준다는 것이다. 물론 북경에 오는 외국인을 관리하겠다는 의도도 있었다. 사신으로 온 이들이 청나라의 물정도 모르는데, 오자마자 숙소를 구하다 보면 적지 않은 말썽이 생길 수 있었다. 오늘날처럼 인터넷으로 후기를 꼼꼼히 읽어 본 후 예약을 하고 가도 문제가 생기는데, 수백 명의 외국인이 북경에 들어와 집을 구하는 광경을 상상해 보면 정말 가관이리라. 그뿐만 아니라, 외국인이 간첩행위를 할지도 모르는 일이다. 사신 입장에서야 정보 수집은 당연하다. 외국 여행이나 출장이 자유로웠던 시기도 아니다. 사행이 아니면 중국의 정보를 수집할 경로도 없었다. 하지만 청으로서는 이것이 달가울리 없다. 어떻게 보면 일종의 간첩행위이다. 그러니 숙소를 주고 사신을 일정 수준 감시할 필요가 있었다.

⋯ 러시아에게 내준 회동관

청나라가 조선 사신에게 제공해 주던 곳을 회동관이라 불렀다. 명나라 제도를 이어받은 것이다. 북경의 회동관은 명나라 영락제가 남경에서 북경으로 천도한 후 만들어졌다. 북관과 남관으로 나뉘어 있었다. 북관은 북쪽 '오랑캐'나 번왕藩王이 파견한 관원이 머무르는 곳이었다. 남관은 조선을 비롯한 조공국 사절이 머물렀다. 청나라는 북경 점령 후 명나라의 회동관을 그대로 이어받았다. 다만 이민족이 지배하는 청나라에서 북쪽 오랑캐는 더이상 오랑캐가 아니었다. 그들은 만주족과의 관계에 따라 지위가 변했다. 그들과의 사무를 관리하는 이번원이라는 기구가 생겼다. 회동관 북관은 이번원으로 넘어갔다. 청대에 회동관이라 부른 곳은 명대의 회동관 남관이었다.

그런데 얼마 안 있어 문제가 생겼다. 북경에 러시아인이 등장하면서부터다. 조선도 청을 도와 참전했던 나선정벌에서 볼 수 있듯, 러시아가 흑룡강 이남으로 남하하면서 청과 잦은 마찰이 벌어졌다. 1682년부터는 알바진 요새를 두고 전쟁이 벌어졌다. 전쟁이 장기화되자 러시아는 청과 강화를 희망했다. 러시아는 강화 사절로 베뉴코프Nikifor Venrukov와 파보로프Ivan Favorov를 중심으로 한 협상단을 북경에 파견했다. 이들은 1686년 가을에 북경에 도착했다. 청나라는 이들을 회동관에 머물도록 했다. 문제는 회동관에 다른 사절이 있었다. 바로 남구만南九萬이 이끄는 조선 사신단이었다. 조선 사신단은 안정문安定門 안일반 가옥으로 옮겨야만 했다. 러시아인은 조공국 사절도 아니며, 전쟁 중인 적국의 사절이었는데, 그들을 위해 청나라는 조공국 사절을 옮기도록 한 것이다.

여기서 끝난 것이 아니다. 1689년 청과 러시아가 네르친스크 조약을 체결한 이후, 러시아는 정식으로 사절단과 상단을 북경으로 파견하기 시작했다. 러시아 사절단이 오거나 먼저 회동관을 차지하고 있다면, 조선 사절들은 머물 곳이 없었다. 공부工部는 그때그때 비어 있는 공간을 물색해 조선 사신들에게 제공했다. 회동관에 들어가지 못하고 머물렀던 곳으로는 독포사督捕寺, 융복사隆福寺, 법화사法華寺, 지화사智華寺, 북극사北極寺, 십방원十方院 등이 있다. 대부분 옛 사찰이었다. 유교를 숭상하고 불교를 멀리하는 조선의 유학자들이 오랑캐의 땅에 온 것도 억울한데, 사찰에서 머물렀다니 이런 굴욕이 없다. 청이 참으로 자신들을 멸시하는구나 느꼈을지 모를 일이다.

청나라가 조선 사신에게 일부러 사찰을 숙소로 제공한 것은 아니다. 북경 내 가용할 수 있는 공간이 많지 않았다. 청은 새로운 곳에 수도를 정한 것이 아니라, 명의 수도를 계속해서 사용했다. 궁전도 마찬가지다. 보수와 증축을 했지만, 기존의 틀 위에 이루어졌다. 게다가 청은 만주족과 한족의 거주 분리 정책을 썼다. 북경성의 내성內城에는 만주족이, 외성外城에는 한족이 거주했다. 육부를 비롯한 이번원 등 내부 기관은 내성에 자리 잡았다. 내성이라는 성곽이 이미 짜여 있으니 고층 건물을 짓지 않는 한 건물 확보가 쉽지 않았다. 건물을 올리면 되지만, 황제가 거주하는 황성이 자리하고 있으니 그보다 높이 짓지도 못했다. 그것은 황제의 거처를 담 넘어 보겠다는 불경죄였다. 청나라의 공부가 가용할 수 있는 공간은 사찰 정도였다. 중들이 도망가고, 황실의 지원이 끊기고 남은 절터는 다른 공간으로 쓰기가 쉽지 않았다.

...그래도 내성 안에

그런데 내성만 고집할 이유가 있는가. 꼭 그렇지 않다. 청이 조공국 사신에게 내성 밖의 공간을 제공한 적도 꽤 있었다. 하지만 조선은 달랐다. 조선 사신에게는 내성 안의 거처만 제공했다. 그뿐만 아니라 회동관에 다른 조공국 사신이 와 있어도, 조선 사신단이 도착하면 회동관을 비워 줘야 했다. 1717년 유구는 정사 하집중夏執中이 이끄는 사신단을 파견했다. 이들이 북경에 도착해 회동관에 머무르고 있을 때, 1717년(숙종 43) 십이월 말에 조선 사신이 북경에 도착했다. 이에 유구 사신은 비능암毗陵庵으로 숙소를 옮겨야 했다. 현재 비능암의 위치는 확실치 않지만, 조선 사신이 러시아 사절 때문에 숙소를 옮겼던 것처럼, 유구 사신도 조선 사신 때문에 거처를 옮겨야 했다. 강희 《대청회전》에 따르면, 먼저 온 조공국이 회동관에 거주하고, 다른 사신은 공부에서 장소를 물색해 제공하게 되어 있었다. 하지만 회동관 배정은 규정대로 이루어지지 않았다.

왜 규정대로 이루어지지 않았는지 알 수 있는 방도는 없다. 하지만 청에게 조선은 다른 조공국에 비해 특별했다. 1727년 청과 러시아가 캬흐타 조약을 체결하면서, 러시아는 유학생과 선교사로 이루어진 상주 인원을 북경에 체류시킬 수 있었다. 청은 러시아인이 상주할 공간으로 회동관을 줬다. 회동관은 아라사관으로 변모했고, 조공 사신이 거처할 곳을 마련해야 했다. 당시 예부는 주로 건어후통乾魚胡同에 있는 숙소와 옥하교玉河橋에 있는 숙소를 회동관으로 사용했다. 조선 사신은 주로 건어후통에 머물렀는데, 1737년 공간이 협소해 사신단이 거주하기 불편하다는 이유로 건어후통의 숙소를 안정문대가의 건물로 교체했다. 안정문대가의 숙소는 74칸 건물로 공간은 컸으나, 예부와 멀리 떨어진 내성의 북쪽에 위치에 조선 사신의 활동에 불편했다. 조선 사신은 예부에서 가까운 옥하교관방을 선호했다. 여러 차례 숙소가 바뀌는 일을 겪으며, 1748년에서야 옥하교관방이 조선 사신의 전용관으로 정해지게 된다. 이후 여러 곳이 조공국 사절을 위해 마련되었는데, 조선만 변하지 않고 정해진 숙소를 사용했다. 이후 증설된 숙소로는 내성 밖에 있는 건물도 있었다. 18세기 중기가 지나면서, 북경을 방문하는 조공국 사절 수가 늘어났기에 불가피한 조처였지만, 조선 사신의 숙소는 변함이 없었다. 조선 사신은 옥하교관방을 1894년까지 숙소로 사용했다.

물론 예외가 있었다. 1755년(영조 31) 진하 겸 사은사와 정기 사행인 삼절연공사가 북경에 함께 머무르게 되면서다. 청나라로 보내는 사행을 생각하면, 사신단이 귀국 후 다른 사신단을 파견했을 것 같지만 꼭 그렇지 않다. 매년 겨울에 파견하는 정기 사행 이외에 특별한 사정이 있을 때면 별사라고 하여 사신단을 파견할 수 있다. 이 특별한 사정이라는 것은 청나라가 요구하는 경우도 있지만, 조선이 주동적으로 나서는 경우가 많았다. 특히 영조와 정조는 '황제의 은혜'가 조금이라도 있으면 사은사를 파견했다. 사대事大에 특별히 충실했다는 것인데, 이 것은 당시 청과 조선이 그만큼 친밀했음을 보여 주기도 한다. 어쨌든 1755년(영조 31) 십이월 두 팀의 조선 사신단이 북경에 같이 머무르게

사신을 따라 청나라에 가다

됐다. 하나는 삼절연공행이라는 정기 사신단이었고, 다른 한 사신단은 황태후의 존호와 준가르 평정을 축하하는 사신단이었다. 청나라는 이 두 사신단의 숙소를 따로 안배했다. 먼저 도착한 진하 겸 사은사는 안 정문대가 관방에, 삼절연공행은 옥하교관방에 머물렀다.

... 성쇠에 따라 변하는
황제의 은혜

《열하일기》로 유명한 박지원도 옥하교관방이 아닌 안정문 대가 관방에 머물렀다. 옥하교관방이 화재로 일부가 소실되어 수선 중 이었기 때문이다. 옥하교관방은 조선 사신이 없을 때면 비어 있었다. 그렇다면 누가 화재를 일으켰단 말인가. 박지원이 사행을 오기 직전 북경을 방문했던 삼절연공사였다. 정사 황인점이 이끄는 사신단이었 다. 삼절연공사란 동지와 신년 그리고 황제의 생일 때 보내야 할 사행 을 하나로 묶어 파견하는 것으로 겨울에 파견되는 정기 사행이다. 이 들은 연말에 북경에 도착했다. 그런데 건륭제는 생일이 팔월 십삼일이 다. 조선 사행이 연말에 도착하니 보통 '늦은 축하'가 되기 마련이었다. 황인점의 사행 임무 중 하나는 건륭제의 69세 생일을 축하하는 것이 었다. 그런데 다음 해가 바로 건륭제의 칠순이었다. 삼절연공사는 보 통 십이월 하순에 도착해 다음 해 이월 초 북경을 떠난다. 그렇기에 황 인점 일행은 건륭제가 칠순이 되는 해에 북경에 머무르게 되었다. 이 때 정조는 전례 없이 건륭제의 칠순을 미리 경축하기로 했다. 즉, 69세 를 경축하면서 칠순을 경축하는 표문을 따로 만들어 보낸 것이다. 그런데 이들이 옥하교관방을 불태워 버렸다.

그나마 다행히 화재가 일어나기 전 칠순을 경하하는 표문을 올렸다. 건륭제는 조선의 이른 축하를 받고 매우 기뻐했다. 정월 초하루 황제의 칠순을 경축하며 반포한 조서를 황인점이 귀국할 때 가지고 가도록 했다. 황제의 조서는 칙사를 파견해 조선에 전한다. 하지만 칙사가 한 번 조선에 오면, 조선에는 칙사 접대에 적지 않은 비용이 소요되기 때문에 상당히 고달프다. 건륭제가 칙사 파견을 면해 준 것이다. 그런데 숙소에 화재가 발생했다. 작은 불이 아니었다. 황제가 내려준 조서까지 타 버렸다. 황제의 조서는 황제의 말이자 그에 준하는 권위를 갖는다. 중국 드라마에서 큰 죄를 지은 이들이 황제의 하사품이나 칙서로 죄를 면죄받는 장면이 적지 않다. 황제의 조서란 그만큼 큰 의미가 있다. 그것이 타 버렸으니, 황인점을 비롯한 사신단은 망연자실했다. 황제가 어떤 벌을 내려도 할 말이 없었다. 귀국 후 삼사는 삭탈관직과 유배를 면할 길이 없어 보였다. 그런데 어떤 추궁도 없었다. 심지어 공부상서와 예부시랑이 관소를 찾아와 조선 사신을 위로하고, 피해 상황을 살폈다. 피해가 심해 숙소를 안정문대가로 옮겨 주었다.

청나라의 이와 같은 모습은 예전과 비교하면 상상할 수 없는 일이었다. 1752년(영조 28) 십이월 말 조선의 삼절연공행이 북경에 도착했다. 정사는 해흥군海興君 이강李橿, 부사는 남태제南泰齊, 서장관은 김문행金文行이었다. 얼마 뒤 정월 초하루 큰불이 일어났다. 정월 초하루에는 태화전太和殿 뜰에서 황제에게 신년 인사를 올리는 정조正朝가 있어 새벽부터 일어나 황궁으로 가서, 청나라의 문무백관과 황제에게 하례를 드려야 한다. 삼절연공행이 참석하는 행사 중 가장 큰 의례 행사이자 피곤한 행사였다. 이국에서 새해를 맞이해야 하니 마음 또한 쓸쓸하다. 몸도 마음도 피곤한 밤 "불이야" 하는 큰 소리가 들렸다. 불길이 이 곳저곳에서 치솟았다. 조선 사신의 숙소는 사합원의 구조로 안에 겹으로 문이 설치된 구조였다. 삼사는 가장 안쪽의 방에 있었다. 중문을 통과해야 탈출할 수 있었다. 사람들이 모두 방을 뛰어나왔다. 불길을 뚫고 대문으로 달려갔다. 그런데 대문이 잠겨 있었다. 대문 근처에는 빠져나가지 못하고 살려 달라고 소리치는 이들로 아수라장이었다. 그 와중에 부사 남태제가 사람들을 시켜 도끼로 대문을 부수게 하여 사람들이 빠져나와 목숨을 구할 수 있었다. 천만다행으로 죽은 이는 없었다. 불이 옆 건물로 번지지도 않았다.

이 화재는 군관 셋이 술에 취해 촛불을 켜 놓은 채 잠을 자다가 실수로 촛불을 건드려 발생했다. 밖에서 옮겨온 불이라면 어디 하소연이라도 해 보겠지만, 온전히 조선 사신단의 잘못이었다. 조선 사신은 화재로 여러 곳이 소실되어 지내기 마땅치 않아 예부에 거처를 옮겨 달라 청했으나 거부당했다. 정사가 왕족이었음에도 배려가 전혀 없었다. 적지 않은 이들이 마당에 땅을 파 임시로 온돌을 만들고 짚을 지붕 삼아 지내야 했다. 청나라 관원들에게 화재로 인한 조선 사신의 애처로움은 안중에도 없었다. 불이 난 다음 날부터 예부에서 관원이 나와 화재 경위를 조사했다. 조사가 하루로 끝난 것도 아니다. 조사할 것이 무엇이 그리 많은지 일주일 동안 하루도 빠짐없이 와서 조사했다. 조사가 끝나자, 예부는 조선 사신에게 관소 앞에 목책을 치고 관원을 두어 보초를 세우도록 했다. 숙소도 변변치 않은데 편히 쉬지 못하고 일만 늘었다.

해흥군과 황인점 사신단의 사정을 비교하면 황인점은 엄청난 황제의 '은혜'를 입었다. 조서를 불태우고도 조사를 받기는커녕 위로를 받았다. 이는 황제가 조선의 전례 없는 축하에 얼마나 기뻐했는지 잘 보여 준다. 황인점 일행은 귀국 직전 자신의 임무에 대한 경과 보고와 함께 황제의 생일에 대한 구체적인 정보는 없지만, 행사가 있을 것이라는 소식을 조선에 알렸다. 조선 조정이 이 소식을 받은 것은 삼월 십팔일이다. 며칠 뒤 건륭제의 생일에 맞춰 경하를 올리기 위한 사행 파견을 결정한다. 사신단을 이끌 정사로 박지원의 종형인 박명원朴明源이 낙점되었다. 이 사신단은 황제의 생일 축하연이 열하에서 열리는지도 모르고 북경으로 갔고, 건륭제의 특별 지시로 열하를 방문했다. 병자호란으로 청과 조선이 조공-책봉 관계를 맺은 이래 처음으로 열하를 방문한 사신단이었다. 건륭제는 뜻하지 않은 조선의 연이은 축하가 정말 마음에 들었던 것이다.

황인점과 박명원이 이끈 사신단이 연달아 청나라에 파견된 이후, 사절에 대한 대우에 변화가 생기기 시작했다. 황제가 여는 각종 연회에 사신들이 참석할 수 있게 되었다. 건륭제가 사신에게 직접 술을 따라 주기도 하고, 빨강색의 종이에 복福 자를 써 복을 기원해 주기도 했다. 심지어 사신에게 시를 지어 올리라 하여 상을 내려주기도 했다. 황제가 사신에 관심을 보이고 우대해 주니 밑의 관리들도 사신을 함부로 대할 수 없었다. 사신에 대한 관리는 점점 느슨해졌다. 북경에서 사신의 활동은 예전보다 자유로워졌다.

하지만 청나라의 사정이 항상 좋았던 것은 아니다. 건륭제 시기 성세의 최고점을 찍은 청나라는 19세기에 들어서면서, 성세에 가려졌던 문제들이 속출했다. 전국 각지에서 난이 일어나고, 가뭄이 지속됐다. 부정부패의 폐해가 곳곳에서 나타났다. 조선 사신의 숙소에서도 이런 상황이 그대로 연출됐다. 회동관의 보수가 제대로 이루어지지 않았다. 사신에게 제공하는 음식도 예전같지 않았다. 이를 단적으로 보여 주는 예가 있다. 바로 1829년(순조 29) 겨울의 일이다. 조선은 시월 이십칠일 삼절연공사를 파견했다. 며칠 뒤인 십일월 일일에 진하 겸 사은사를 또 파견했다. 출발 날짜만 봐도 북경에 거의 동시에 도착할 수밖에 없는 사행이었다. 흥미로운 점은 진하 겸 사은사가 삼절연공사보다 이틀 일찍 북경에 도착했다. 그것은 청나라에 가져 가는 조공품의 양에 차이가 있기 때문이라 생각된다. 별사는 일반적으로 정기 사행보다 적은 조공품을 가져 간다. 진하 겸 사은사가 십이월 이십사일 북경에 도착했다. 이들은 도착하자마자 문서를 보내 다른 사행이 곧 도착하니 거처 한 곳을 더 마련해 달라고 요청했다. 전례가 있는 만큼 무리한 요구도 아니었다. 하지만 예부는 이를 거부했다. 다만 몽고 장막을 몇 개 보내 주었다. 건륭제가 세상을 떠난 지 30년도 안 된 일이었다.

신하 된 자가 '외교'를
할 수 있는가

전근대 외교 규범 중 '인신무외교人臣無外交'가 있다. 중국 춘추시대 문헌인 《예기禮記》에 나온 말로 신하 된 자는 외교를 할 수 없다는 뜻이다. 이런 규범이 생긴 것은 인신외교가 성행해 폐해가 컸기 때문일 것이다. 그렇지 않다면 굳이 인신 간 외교를 금할 필요가 없다. 이는 경전에서 나온 말로 전근대 중국적 세계질서에서 관습적인 규범이었다.

... 인신무외교 속 문인 교류

뭔가 이상하다. 사람이 만나지 않고 어떻게 교섭을 한단 말인가. 여기서 '외교'란 시대에 따라 문맥에 따라 여러 가지로 해석할 수 있는 말로 다른 제후국과 비밀스럽게 접촉해서 안 된다는 의미로 볼

사신을 따라 청나라에 가다

수도 있고, 외국인과 교유해서는 안 된다는 의미로 일종의 사사로운 교섭을 금하는 것이지 절대적인 접촉을 금할 것은 아닐 것이다. 다만 명·청 시대 한중 관계에서 이 관념이 상당히 강하게 작동했다. 사신이 파견되는 것은 대부분 조공과 책봉에 관한 것이다. 실질적인 사무에는 정식 사신이 파견되지 않았다. 칙사는 황제의 대리인이요, 조선 사신은 국왕의 대리인으로 외교문서를 전달할 뿐이지 임의로 외교 교섭에 나설 수 없었다.

'인신무외교'를 외국인과 교유를 금지하는 규범으로 본다면, 이 규범은 18세기 중반 이후 무너졌다고 해도 무방하다. 18세기 중반에 이르면 '북학파'라 불리는 문인을 중심으로 청나라와 조선의 문인 교류가 활성화되었다. 글자를 조금 아는 사람이면 청나라 사람을 찾아 나섰고, 학식이 있는 이는 필담을 나누며 시를 주고받았다. 19세기에 이르면 이는 사신단의 일상적인 모습이었다. 조선 사람 중 청나라 사람과 만나 교유하는 것을 경계하는 이가 없었다.

빈번해진 문인 교류는 외교 교섭에도 점차 영향을 끼치기 시작했다. 조선 사신은 북경에 도착하면 외교문서인 표자문을 예부에 올려야 한다. 그 이후에는 예부와 '자문咨文'이라 불리는 문서를 통해 왕래했다. 이 과정에서 문서를 전달하고 예부상서의 뜻을 전하는 청나라 예부의 서반이나 통관의 힘이 셌다. 자문이 없는 상태에서 이들이 예부 내부의 일이나 황제의 뜻을 임의로 만들어 내면 그를 믿을 수밖에 없었다. 이들이 조선 측 문서 전달을 지체하면 어찌할 도리가 없었다. 예부상서나 예부시랑 등을 직접 찾아가는 것은 '인신무외교'에 어긋나니 말이다. 그러나 18세기 후반에 이르면 사정이 달라졌다. 심지어 고고한 학자이자 예부상서인 기윤紀昀도 조선 문인들과 교유했다. 예부 서반이나 통관이 끼어들 틈이 점점 적어졌다. 조선 사신이 북경에서 처리해야 하는 외교 사무는 훨씬 수월해졌다.

... 넘을 수 없는 선

문인 교류가 활발해졌지만, 사신에게 외교 교섭권이 생긴 것은 아니다. 정사, 부사 등 국왕의 대리인은 예부상서나 예부시랑을 함부로 만날 수 없었다. 청나라를 자주 드나드는 역관들이 큰 활약을 했다. 그들은 중국 내 구축한 인맥을 통해 외교 사안을 처리하는 탁월한 능력을 보여 줬다. 1801년(순조 원년) 발생한 황사영 백서 사건이 이를 잘 보여 준다. 당시 신유박해로 인해 많은 천주교도가 죽었다. 심지어 이 과정에서 중국인 신부 주문모周文謨가 체포되어 처형당했다. 이에 황사영은 북경 교구에 구원을 요청하는 서신을 써 위기를 타파하고자 했다. 그러나 조선 조정에 발각되어 처형당했다. 이 사건은 천주교도에 대한 박해뿐만 아니라, 조선이 중국인을 처형한 문제가 있었다. 조선이 천주교 박해 때마다 청나라에 보고한 것은 아니다. 하지만 이번에는 중국인이 처형됐으니 보고하지 않을 수 없었다. 조선은 청나라에 진주문을 보내 신유박해에 대한 조선 조정의 정당성을 인정받고자 했다.

이번 사안을 청에 보고할 진주사陳奏使의 정사는 조윤대曹允大, 부사는 서미수徐美修였다. 이들은 1801년(순조 원년) 시월 이십칠일 사폐했다. 당시 수렴청정을 하던 정순왕후는 청국에서 일을 꼬치꼬치 캐묻거나 죄를 물을 수 있어 매우 불안하다며, 청국의 심기를 건드리지 않게 잘 대응하라고 분부했다. 사신단은 십이월 이십사일 북경에 도착

황사영 백서

(국립중앙박물관 소장)

조선 조정이 천주교도를 처형할 때마다 청에 보고하지는 않았다. 이번 사건은 청나라 신부가 처형당했고, 황사영이 서양 세력에 도움을 요청하려는 등 사안이 중대했기에 사신을 파견한 것이다. 순조롭게 일이 마무리되었고, 조선은 가경제 또한 서양에 반감이 있다는 사실을 알게 되었다. 서양 문제에 있어 청과 조선이 한편임을 확인한 것이다. 하지만 이것은 서양이 가져올 불길한 징조의 시작이었다. 조선 해안에 서양 선박이 자주 출몰하였고, 청은 제1차 아편전쟁 때 영국에게 패배했다. 서서히 서양이 몰려오고 있었다.

해 바로 진주문을 예부에 올렸다. 청나라 황제 가경제의 반응은 매우 빨랐다. 3일 뒤 황제의 상유문이 내려왔다. 우선 조선의 조치를 문제 삼지 않고, 앞으로 백성들이 이단에 미혹되지 말도록 힘쓰라고 했다. 하지만 조선을 질책하는 내용도 있었다. 조선은 진주문에서 김유산金有山, 황심黃沁, 옥천희玉千禧 등 사악한 무리가 북경에서 천주교를 접하고 이단의 책을 받아 조선으로 돌아와 선교했다고 기술한 바 있다. 조선이 책임을 청에 미루려는 듯한 설명은 황제의 심기를 건드렸다. 가경제는 천주교도가 죄를 면하기 위해 거짓 진술을 했다고 여겼다. 청나라가 서양인의 거주를 윤허한 것은 천문을 관측하는 흠천감에서 봉직하도록 하기 위함이었지, 외국인과 접촉을 허한 적은 없었다고 강조했다. 조선이 취한 조치는 인정하면서도, 이를 뒷받침하기 위해 내세운 설명을 질책했다.

조선 사신은 소기의 목적을 달성했지만, 만족스러운 결과는 아니었다. 사행 전 정순왕후가 청국의 심기를 건드리지 말라고 했는데, 조선의 해명이 황제의 심기를 건드렸기 때문이다. 그런데 조윤대는 귀국 후 사행 보고를 하는 자리에서 득의양양한 태도를 보였다. 정순왕후가 일이 어찌됐는지 묻자, 예부에서 조선이 진주문을 올려 "체면을 유지할 수 있었다"고 얘기했다며 일이 순조롭게 마무리됐다고 답했다. 정순왕후는 얼마나 노심초사했는지 정말 그랬는지 되물었다. 조윤대는 그렇다고 답했다. 하지만 황제의 상유만 봐서는 그런 느낌을 받기 힘들었다. 그런데 조윤대가 그토록 당당하니 정순왕후는 의심쩍었던 것이다.

얼핏 보면 조윤대의 당당함은 이해가 안 된다. 오히려 그가 황제의 뜻을 곡해한 것처럼 보인다. 그가 당당할 수 있었던 것은 황제의 상유와는 다른 내막을 알고 있어서였다. 당시 사신단 역관 중 김재화金在和

라는 인물이 있었다. 그는 이번 사행 직전 적어도 열여섯 차례 청나라에 다녀왔으며, 예부상서 기윤을 비롯한 청나라 문사와 교유가 많은 중국통이었다. 죽음도 중국에서 맞이했다. 1803년(순조 3) 사행 중 난니보爛泥堡에서 병으로 죽었다. 조윤대의 사행에서 김재화는 북경에 있으면서 기윤을 찾아가 조선이 진주한 사안의 진척 상황에 관해 묻곤 했다. 특히 상유문이 나온 이후에 특별히 찾아가 이와 같은 상유문이 나온 연유에 관해 물었다. 기윤은 황제께서 이미 서양의 학술을 배척하고 반감이 있지만, 천하에 황제의 신하가 아닌 자가 없는데 굳이 비난할 필요가 없기 때문이라고 답했다. 하지만 기윤은 서양 종교는 그 해로움이 불교보다 더하니 조선이 이를 엄히 배척하는 것은 매우 잘하는 일이라고 말했다. 역관 김재화는 이러한 소식을 조윤대에게 전했고, 조윤대는 득의양양하게 귀국할 수 있었다.

　흥미로운 점은 조윤대가 직접 기윤을 찾아 물은 것이 아니라 역관 김재화가 가서 물었다는 점이다. 왜냐하면, 조선 사신단의 최고 책임자인 조윤대가 예부상서 기윤을 만나 외교 사안을 논하는 것은 '인신무외교'의 원칙에 어긋나기 때문이다. 여기서 '인신'이라 함은 엄격한 의미의 신하 된 자를 의미한다. 조선의 국왕이 천자의 세계질서에 들어간 제후로 본다면, 황제와 조선 국왕은 군신 관계가 된다. 하지만 황제와 조선의 신료들이 군신 관계로 맺어지는 것은 아니다. 즉 조선 국왕의 신하 된 자가 황제의 신하가 되는 것은 아니라는 얘기다. 다만 조선 국왕을 대표해 파견되는 사신, 즉 정사와 부사는 사행 중 황제와 군신 관계에 놓인다. 그러므로 이들은 엄격한 의미의 '인신'이 되며 다른 국가의 '인신'과는 교유해서는 안 되는 것이다. 조선 사신의 상대가 되는 청나라의 '인신'은 조선 사무를 관장하는 예부상서와 예부시랑이었

다. 문인 교유가 확대되면서, 공적 접촉이 아니고 해당 사무의 '인신'이
아니면 교유가 활발히 이루어졌다.

... 병인양요로 금지된 선을
넘어 버리다

조선의 정사와 부사 그리고 청의 예부상서와 예부시랑의 접
촉을 제한하는 '인신무외교'가 무너지기 시작한 것은 제2차 아편전쟁 이
후부터이다. 그전까지만 하더라도 양국 관계를 흔드는 외부 요소가 없
었다. 그러나 제2차 아편전쟁은 큰 충격을 가져다 주었다. 영국과 프랑
스 연합군에 의해 북경이 점령되고 함풍제가 열하로 피란하는 사건은
서구 열강에 대한 두려움과 위기감을 고조시키기에 충분했다. 이런 상
황에서 조선은 병인양요와 제너럴셔먼호 사건을 겪게 된다. 1866년(고종
3) 초 천주교도에 대한 탄압으로 프랑스 선교사들이 조선에서 죽어 병인
양요의 빌미가 되는 사건이 발생했다. 이를 계기로 프랑스 주중 공사인
벨로네Henri de Bellonet는 조선 침공을 계획했으며 이를 청나라에 전달했
다. 그뿐만 아니라, 유월에는 산동순무山東巡撫로부터 프랑스 함대의 실
제적인 움직임이 포착되면서 프랑스의 조선 침공이 임박한 것처럼 보였
다. 바로 이때 조선의 진하 사은 겸 주청사가 북경에 있었다.
이 사신단의 정사는 유후조柳厚祚, 부사는 서당보徐堂輔였다. 이들은
프랑스의 조선 침공 계획을 모르는 상황에서 유월 초 북경에 도착했
다. 며칠 뒤 총리아문에서 사람이 찾아왔다. 총리아문은 서양과의 교섭
을 담당하는 부서로 조공국인 조선의 사무와는 전혀 관계가 없었다. 그

런데 갑자기 사람을 보내 병인박해에 관해 물어 왔다. 유후조를 비롯한 사신단은 당황했다. 조선은 이와 같은 사실을 청나라에 보고한 적이 없기 때문이다. 당시 수역은 이실직고해야 한다고 했지만, 삼사는 답변을 미뤘다. 대신 적극적인 정보 수집에 나섰다. 조선 문인과 교유가 있는 청나라 문인들과 적극적으로 접촉하며 정보를 수집했다. 조선 사신이 정보를 수집하던 시기 예부는 조선에 프랑스 침공 가능성을 담은 자문을 발송했다. 하지만 유후조에게는 이를 알리지 않았다. 이를 알려 준 것은 조선 문인과 친분이 있던 병부낭중 황운곡黃雲鵠이었다.

소식을 들은 조선 사신은 마음이 다급해졌다. 부사 서당보는 사실 확인을 위해 예부를 방문했지만, 예부는 일이 너무 많다며 면담을 거부했다. 나중에 기별을 달라며 명함만 남기고 돌아올 수밖에 없었다. 얼마 뒤 예부상서 만청려萬靑藜에게서 칠월 육일에 만나자는 기별이 왔다. 그러나 유후조는 초조함에 더는 시간을 지체할 수 없었다. 만나자고 연락이 왔으니, 만남이 불가능하다는 것은 아니었다. 유후조는 무례를 무릅쓰고 약속 이틀 전인 사일에 예부 밖에서 만청려가 퇴청하기를 기다렸다. 초조한 마음을 드러내며 면담을 요청했고, 만청려는 이를 받아들였다. 사신단의 정해진 원래 임무 외의 조선 사무로 조선 정사와 예부상서가 만나는 순간이었다.

만청려는 유후조가 여러 차례 자신을 찾아왔음에도 감히 답할 수 없어 만남이 미뤄졌으나, 유후조가 우의정으로 재상의 자리에 있어 조선의 군국 사무를 담당하니 이제는 감히 말할 수 있다고 얘기했다. 그는 '인신무외교' 금기로 담화의 어려움을 토로하면서도, 유후조의 신분을 만남의 명분으로 삼은 것이다. 만청려는 유후조에게 프랑스 침공 가능성을 알리고, 이미 조선에 통보했다고 알려줬다. 이는 유후조가 다른 청나라 문인으로부터 다 들은 얘기였다. 다만 만청려는 이치로 프랑스를 응대하고, 무력 충돌을 피하라고 얘기했다. 문제가 생기면 청나라에 통보하되, 군사적 도움은 요청하지 말라고 했다. 이러한 조언은 청나라가 조선에 보낸 문서에는 나오지 않는 내용이었다. 만청려는 외교문서에서 언급할 수 없는 내심을 얘기한 것이다. 거리가 멀어 청은 도움이 되지 않을 뿐더러 징발할 군사도 없다고 했다. 제2차 아편전쟁으로 서양에 호되게 당한 지 몇 년 지나지 않았기에 청나라는 서양과의 군사적 충돌을 기피할 수밖에 없었다. 그의 말은 청나라의 실상이었다. 이런 얘기를 하면서 다음과 같이 흥미로운 이야기도 덧붙였다.

이흥민李興敏 군이 여기서 그 일에 관해 얘기했었습니다. 이별할 즈음 서로 근심하는 얼굴로 손을 잡고 아무 말을 하지 못했습니다. 그는 여전히 그 일을 기억하고 있을 것입니다. 만약 방도가 있다면 저에게 알려 주시어 저의 우매함을 풀어 주시길 바랍니다. 이곳에서 나눈 이야기는 다른 이에게 말해서는 안 됩니다. 제가 그 이야기를 하는 것은 금지되어 있습니다. 귀국의 대원군께서는 매섭고 유능하다고 들었습니다. 이 일을 능히 마무리 지을 수 있을 것입니다. 한마디만 더 말씀드리자면, 이곳에서 이야기는 절대 다른 이에게 말해서는 안 됩니다. 귀국해서도 문서에 누설해서도 안 됩니다. 절대 저를 언급하시지 마시고, 단지 본국의 뜻이라고만 말씀하십시오.[57]

만청려의 말은 의미심장하다. 자신의 말을 누설하지 말라고 강조하면서도, 예전 이흥민과의 대화를 언급하며 흥선대원군에 대한 신뢰를 드러냈다. 이흥민은 유후조가 북경에 오기 직전 북경을 다녀갔다. 만청려와 이홍민이 나눴다는 그 일은 프랑스가 병인박해 전 청 정부에 조선으로 갈 수 있도록 허가증을 발급해 달라고 압박한 일이다. 청 정부는 조선이 청의 속국이지만 자주를 하는 국가로 내정에 관여할 수 없다고 거부했다. 서구 세력의 조선에 대한 압박이 높아지는 상황에서 이홍민과 사적으로 얘기를 나눈 일을 유후조에게 얘기했다. 유후조에게 이는 모종의 신호로 느껴졌다. 만청려가 자신과 나눈 이야기를 누설하지 말라고 하면서, 이홍민의 얘기를 꺼내며 흥선대원군에 대한 믿음을 보이는 것이 넌지시 메시지를 주는 것 같았다. 유후조는 앞으로 긴밀한 협력을 하자는 뜻으로 받아들였다.

그러나 그것은 오해였다. 팔월 이십삼일 귀국하여 고종에 복명 보고를 한 유후조는 서양 세력에 대한 강한 반감을 드러냈다. 그리고 대원군과 모종의 얘기를 나눈 듯 보인다. 이후 흥선대원군의 지시에 따라 이홍민은 만청려에게 개인 서신을 보냈다. 서신에서 대원군을 드높이고, 조선의 강한 쇄국 의지를 보이면서, 만청려에 도움을 요청했다. 그런데 만청려는 전혀 다른 방향으로 나아갔다. 광서제에게 이홍민이 사사로이 서신을 보내 왔다며 보고한 것이다.

... 거센 서세동점으로 무너진 인신무외교

만청려가 유후조에게 이홍민과 함께 근심했고, 대원군을 믿는다고 한 것은 한낱 위안에 불과했던 것인가. 아니다. 만청려는 진심으로 대원군의 쇄국정책을 지지했다. 그것이 옳은 길이라 봤다. 그렇다고

해서 '인신무외교'의 선을 넘으며 사사로운 서신을 주고받을 생각은 없었다. 그가 한 말은 모두 진심이었다. 조선을 동정하고 쇄국정책에 동의하지만, 그것을 사사로이 논할 생각이 전혀 없었다. 그에게는 예부상서로 지켜야 할 전통적 규범이 있었다. 광서제는 이홍민의 서신을 크게 문제 삼지 않았으나, 조선에 통보했다. 일종의 경고였는지 모르겠다. 조선 조정은 깜짝 놀랐다. 이는 이홍민이 사사로이 벌인 일이라며 그를 파면했다고 청에 보고했다. 물론 이홍민은 얼마 안 있어 조정에 복귀한다.

만청려가 보신하고자 비밀스러운 서신을 공개한 것은 아니다. 그는 예부상서로서 당시 전통적 질서를 지키고자 했다. 1871년(고종 8) 신미양요 때까지 이런 모습을 이어 갔다. 그러나 서구 열강의 동진이 점점 거세지고 있는 상황에서 기존의 방식으로는 대응하기 힘들었다. 신미양요나 1876년(고종 13) 강화도조약이 이를 잘 대변해 준다. 기존의 방식 속에서 조선은 서구 열강에 민낯이 노출된 시한폭탄과도 같은 존재였다. 청은 조선과 손을 잡고 전통적 관계를 지키거나 베트남을 프랑스에게 내준 것처럼 포기해야만 했다.

이런 상황을 제대로 파악한 것이 바로 이홍장李鴻章이다. 1870년 직예총독直隸總督으로 부임한 이홍장은 남방에 있을 때보다 조선 문제의 중요성을 더욱 심각하게 받아들였다. 그렇기에 그는 강화도조약 체결 전후로 조선 관료 이유원李裕元과 사적 네트워크를 만들었다. 1875년(고종 12) 이유원이 진주 겸 주청 정사로 가는 사행길에 영평부永平府에서 이홍장의 막료이자 영평부 지부知府인 유지개游智開와 인연을 맺었다. 이를 계기로 귀국길에 이홍장과 연락을 주고받기 시작했다. 이유원은 귀국 후 이 사실을 고종에게 아뢰고, 고종의 지원 아래 이홍장과 서신 교환을 계속했다.

사신을 따라 청나라에 가다

이홍장은 이유원과의 교류를 통해 조선 내부의 정보를 수집하고 조선에 구미 국가들과 관계를 맺고 개화정책을 펼 것을 조언했다. 쇄국 분위기가 강했던 조선으로서는 이홍장의 조언을 바로 수용하기는 어려웠지만, 고종은 개혁 개방을 구상했다. 이홍장의 조언이 현실화 단계에 이른 것은 1880년(고종 17)에 이르러서이다. 1880년 일본에 수신사로 파견된 김홍집金弘集이 이홍장의 막료이자 청국 주일 참사관이었던 황준헌黃遵憲에게서 《조선책략朝鮮策略》이라는 책을 받아 고종에게 바치면서부터이다. 미국, 일본과 손을 잡고 러시아를 견제하라는 요지의 이 책은 조선 조정을 뒤흔들었다. 1881년(고종 18) 조선은 천진에 영선사領選使를 파견하여 청의 선진 군사 기술을 배우도록 하였으며, 1882년(고종 19)에 조선은 미국과 조미수호통상조약朝美修好通商條約을 체결했다.

이홍장과 이유원의 서신 네트워크 형성부터 조선의 영선사 파견까지 조청 관계는 전통적 조공 사신을 통한 '인신무외교'의 왕래와 이홍장과 이유원, 고종 간 맺어진 '인신외교'의 비공식 라인을 통해 유지되었다. 하지만 영선사의 파견을 시작으로 북양대신인 이홍장은 조선과의 근대적 외교 사무를 전담하게 되었으며, 1882년 조청상민수륙무역장정朝淸商民水陸貿易章程 체결을 통해 이를 더욱 강화했다. 1882년을 전후하여 양국 간에 두 개의 공식 외교 통로가 만들어진 것이다. 이후 근대적 통상외교 사무가 중요해지면서 기존의 전통적 통로는 그 중요성이 점점 하락할 수밖에 없었다. 조공 사신의 운영은 형식적 왕래로 전락했다. 반면, 북양대신과 조선 국왕과 연결된 근대적 통상외교 통로는 점점 강화됐다. 바로 '인신무외교'가 '인신외교'로 변통된 것이다. 양국 관계에서 펼쳐질 슬픈 근대의 초상은 이러한 변통으로부터 시작됐는지도 모르겠다.

조선 최초의 외교 공관

청나라에 간 사신 하면 가장 먼저 떠오르는 공간이 북경이다. 북경은 사신이 청나라에 머무르는 동안 가장 오래 체류하는 곳이자, 가장 풍부한 기록을 남긴 곳이기 때문이다. 다음으로는 청나라 때 성경盛京으로 불린 심양일 것이다. 심양은 북경으로 가는 조선 사신들이 반드시 거쳐야 하는 곳이었다. 이곳에는 조선관이 있었으며, 소현세자가 인질 생활을 하던 곳이었다. 마지막으로 박지원의 《열하일기》로 잘 알려진 열하다. 피서산장避暑山莊이 있는 곳으로 여름이 되면 청나라 황제들은 이곳에서 피서를 보내곤 했다. 황제의 피서에는 더위를 피함과 동시에 몽골, 신강 등과 단결을 도모하고 변방을 견제하고자 하는 목적도 있었다.

사신을 따라 청나라에 가다

... 황제의 도시에 불허된 조선 공관

　　19세기 후반이 되면 이 세 도시의 구심력은 약해지고, 청과 조선 관계에서 새로운 도시가 부상한다. 바로 천진이다. 2004년 중국에 처음 갔을 때, 인천항에서 배를 타고 천진의 탕구항에서 내렸다. 그 노선이 생긴 것이 19세기 후반 서양과 일본이 청과 조선의 전통적 관계를 위협하면서다. '쇄국정책'을 펴 오던 조선은 운요호 사건을 계기로 일본과 강화도조약을 맺었다. 이후, 조선은 청의 권고에 따라 서양 각국과 근대적 조약을 맺었다. 조선과 청의 관계에도 변화가 생겼다. 1882년 조청상민수륙무역장정을 맺고 서로 상무위원을 파견하기로 했다. 조선의 상무위원이 파견될 곳은 천진이었다.

　많은 도시 중 왜 천진이었을까. 조선은 본래 비용이 많이 드는 조공 사신을 철폐하고, 상주 사절을 북경에 파견하길 원했다. 하지만 청나라가 반대했다. 전통적인 조공-책봉 관계에 어긋난다는 이유에서였다. 사신들이 북경에 와서 행하는 의례는 아무리 형식적이라도 상국과 속국의 관계를 확인하고 환기하는 작용을 한다. 황제가 주관하는 행사에서 삼궤구고두례三跪九叩頭禮를 하며 위계 관계를 확인하는 것이다. 조선의 상무위원이 북경에 상주한다면, 의례 행사는 어떻게 해야 할지 새롭게 논의할 필요가 있었다.

　더 중요한 것은 상무위원의 지위 문제다. 청과 근대적 조약을 맺은 국가는 북경에 공사를 파견했다. 이들은 청나라 정부의 근대적 외교 사무를 담당하는 총리아문의 총리대신과 동급이었으며, 국가 대 국가의 대등한 관계에 있었다. 여기서 조선 상무위원의 지위가 모호해진다. 조선은 청의 '속국'으로 대등한 관계를 맺을 수 없기 때문이다. 결국, 청과 조선의 관계는 전통적 관계를 유지하면서, 근대적 통상사무를 처리해야 하는 방법을 강구해야 했다. 그 대안이 바로 천진이었다.

... 북양대신이 있는 천진으로

직예총독이자 북양대신인 이홍장은 강화도조약 전후로 조선 문제에 관심을 가지고 조선의 영의정 이유원과 연락을 유지했다. 1879년부터는 황제의 윤허를 받아 조선의 근대적 사무 문제를 담당하기 시작했다. 원래 직예총독부는 보정保定에 있었지만, 1870년 직예총독이 북양대신北洋大臣을 겸직하였으며, 중요 개항장이자 조계지가 설치된 천진에도 직예총독부가 생겼다. 이홍장은 보정과 천진을 오가며 업무를 봤다. 이런 연고로 천진에 조선의 상주 사절 파견이 결정된 것이다.

조청상민수륙무역장정(이하 '장정') 체결 후 청나라는 신속하게 공관 건물을 확보하고 상무위원을 파견했다. 청의 상무위원 진수당陳樹棠이 1883년 9월 조선에 도착했다. 반면, 조선의 상무위원 파견은 1884년(고종 21) 4월에 이뤄졌다. 조선이 준비를 서두르지 않은 것은 아니다. 1882년(고종 19) 11월 고종은 김선근金善根을 주진독리로, 박제순朴齊純을 종사관으로 임명했다. 조선의 상무위원은 천진에 주재한다고 하여 보통 '주진대원'이라 불렀고, 그곳의 수장이 주진독리駐津督理였다. 이들의 천진행은 12월 10일로 정해졌으나 날씨 문제로 인해 다음 해 봄으로 일정이 미뤄졌다. 김선근이 병을 이유로 사직을 청하면서 독리는 남정철南廷哲로 교체되었다. 이들이 조선을 떠난 것은 1883년 4월 14일이었다. '장정'이 체결된 것이 1882년 10월이니, 1년 6개월 만이었다.

사료에는 날씨 때문에 파견이 미뤄졌다고 나오지만, 더 큰 문제는 공관 건물의 확보였다. 삼사와 그 수행원, 역관 등 조공 사절의 숙식은 상국인 청나라가 제공했다. 이는 천자가 먼 곳에서 온 조공 사신을 우대한다는 것이었다. 그러나 이러한 우대는 조선의 천진 공관에는 적용되지 않았다. 조선이 모든 비용을 부담해야 했다. 청나라는 '장정'을 체결하며 "중국이 속방을 우대하는 뜻"이라 밝혔지만, 천진 공관의 운영에서 그 우대의 뜻을 찾아볼 수 없다. 그곳은 국제 환경의 변화에 어쩔 수 없이 변통한 공간이자, 각자의 이익을 위해 운영되는 공간이었다. 근대적 통상사무를 위한 곳으로, 청의 천하질서를 구현하는 공간이 아니었다.

천진 공관의 설치 문제는 임오군란 때로 올라간다. 임오군란 발발 전 조선은 청의 근대적 군사 기술을 배우기 위해 영선사를 천진에 파견했었다. 영선사는 약 6개월 동안 천진에 체류하다가 임오군란이 일어나면서 급히 귀국했다. 당시 영선사를 이끌었던 인물이 김윤식이었다. 임오군란이 수습된 이후, 1882년 11월 김윤식은 이홍장과 영선사의 사후 방안과 '장정'으로 인한 조선의 상주 공관 문제에 대해 논의했다. 당시 김윤식은 은 1천 냥으로 조선 공관을 마련하길 원했다. 하지만 이 금액으로는 새로 건물을 짓거나 사기 어려웠다. 이홍장의 막료이자 천진 해관의 최고책임자였던 주복周馥은 자죽림紫竹林에 있는 한 사찰을 수리해 사용하기를 권했다. 김윤식은 부지를 둘러보고 결정하기로 했다. 마침 천진에는 '장정' 문제로 고종이 파견한 조영하趙寧夏와 김명규金明圭도 와 있었다. 김윤식, 조영하, 김명규는 주복이 보낸 청나라 관원 반청조潘青照와 함께 사찰을 방문해 살펴봤다. 조영하는 공간이 부족하고 가격이 너무 비싸다며 불만을 드러냈다. 그러자 반청조는 증축을 하려면 은 1천 냥으로는 부족하다고 했다. 조선에서 급파된 조영하가 청나라의 사정을 모르고 하는 불만이었다. 영선사로 청에 반년 이상 머물렀던 김윤식은 반청조의 말이 거짓이 아님을 알고 있었다. 이 정도면 잠시 쓰기에 족하다며 증축을 요구하지 않았다. 주복에게 은 1천 냥을 맡겨 공간 수리를 부탁했다.

조선 공관의 수리가 완성된 것은 일 년이 지난 뒤였다. 1883년 말 주복은 공관의 준공 사실과 초과 비용을 조선 정부에 통보했다. 그런데 이게 웬일인가. 김윤식이 족하다고 한 은 1천 냥을 훨씬 넘어 약 4천 냥이 소요된 것이다. 보고서에 기와 건물로 된 방 22칸에 복도 4칸으로 된 꽤 큰 규모였다. 기와를 올린 것을 보아 서양식 건물은 아니었으나, 각종 집기류가 구비되어 있는 공관의 모양을 갖췄다. 잠시 쓸 만한 공간을 만든 것이 아니라, 공관이라 할 만한 건물을 만든 것이다. 이런 일이 조선 정부와 상의해서 이루어진 일은 아닌 것 같다. 주복은 이 비용을 사비로 충당했으며, 준공 4개월 뒤 추가된 비용을 빨리 상환해 달라고 독촉하는 공문을 조선에 보냈는데, 조선 정부는 이와 같은 사실을 알지 못하고 있었다며 빠른 상환을 약속했기 때문이다. 주복이 공사 비용을 착복한 건지, 조선의 체면을 생각해 공사에 공을 들인 건지 알 수 없다. 어쨌든 공관 건물은 완성되었고, 조선의 상무위원이 들어가 일을 볼 수 있는 공간이 드디어 마련되었다. 그것은 온전히 조선의 소유였다.

... 파행적으로 운영되다 사라지다

1884년 4월 주진독리 남정철이 드디어 천진에 도착했다. 그는 북양대신 이홍장을 예방하고, 천진에 파견된 미국, 독일, 러시아 영사들에게 부임 사실을 알렸다. 독리督理는 오늘날 영사 역할을 하였으며, 종사관從事官은 부영사에 해당하는 직책이었다. 청나라로 들어오는 조선인의 관리와 분쟁을 조정하는 역할을 했다. 근대적 사무와 관련해 조선 국왕의 의견을 북양대신에게 전달하는 역할도 했다. 독리는 각국 영사들과 대등한 위치에 있었고, 북양대신, 천진 해관도와 교섭할 수 있었다. 격변의 시기에 중요한 역할을 할 수 있는 자리였다.

어렵사리 공관이 마련되고 주진독리가 파견되었지만, 그 운영은 파행적이었다. 남정철은 8월 하순 조선으로 귀국해 이조참판, 형조참판, 호조참판 등의 직을 역임했다. 더 황당한 일은 그가 귀국한 지 얼마 안 있어 삼절연공사의 부사로 임명됐다는 것이다. 근대적 사무를 맡아야 할 주진독리가 귀국해 전통적 조공 사절에 임명되어 다시 청으로 보내진 것이다. 천진에 파견되는 관원은 육로가 아닌 해로를 통해 천진에 갈 수 있었다. 반면, 조공 사절은 여전히 청나라가 정해 준 육로를 통해 북경에 가야 했다. 남정철은 주진독리였지만, 삼절연공사의 부사였기에 사절단의 다른 인원들과 육로를 통해 북경에 갔다. 그는 북경에서 조공 의례 행사를 마치고, 1885년(고종 22) 3월 7일부터 14일까지 천진을 방문했다. 천진을 방문한 이유는 갑신정변 당시 청이 도움을 준 것에 대한 고종의 감사를 이홍장에게 전하고 통상 현안을 논의하기 위해서였다. 남정철은 조공 사절이면서도, 천진을 방문해 주진독리의 업무를 수행한 것이다. 해로를 통해 천진에 도착한 재자관 이응준李應俊의 노인路引을 천진 해관도에 신청했다. 노인은 오늘날 비자와 같은 것으로 천진에 도착한 조선인은 주진독리를 통해 청 정부에 신청해야 했다. 천진에서 분주한 일정을 마친 남정철은 보정으로 가서 흥선대원군을 만나고, 다시 조공 사절의 신분으로 돌아가 육로를 통해 귀국했다.

1885년 6월 1일 남정철은 조선으로 복귀한 지 얼마 지나지 않아 대사성에 임명되었다. 남정철은 이를 틈타 노모의 병을 이유로 주진독리를 사직하는 상소를 올렸다. 부모를 돌봐야 하니 이국 땅으로 나가기 힘들다는 것이었다. 효를 중시하는 조선에서 부모의 병은 사직을 청하는 단골 핑계였으며, 가장 잘 통했다. 남정철의 사직 상소는 받아들여졌다. 하지만 한 달도 지나지 않아 남정철은 주진독리에 재임명됐다. 조선이 비밀리에 러시아와 조약을 추진한 일, 전보선 가설 등의 문제를 논의하기 위해 특사 파견이 필요했기 때문이다. 남정철은 7월 고종의 명을 받고 천진에 가 이홍장과 사안을 논의하고 귀국했다. 천진에 체류한 시간은 불과 열흘이었다. 복귀 후에는 평안감사에 임명되었고, 다시는 천진에 가지 않았다.

주진독리의 파행적 운영은 남정철이 처음이라서 그럴까. 이는 관행이 되어버려 주진독리 중 천진에 진득이 머무르며 임무를 수행한 이가 거의 없었다. 1886년(고종 23) 3월 남정철에 이어 주진독리에 임명된 박제순은 반년도 지나지 않아 병을 이유로 귀국해 사직을 청했다. 고종은 이를 받아들이지 않았고, 박제순을 재차 천진으로 파견했다. 하지만 1년도 안 되어 귀국해 결국에는 사직하고 만다. 1887년(고종 24) 말 고종은 이중칠李重七을 주진독리로 임명했다. 3월 초가 되도록 천진에 가지 않다가 노모의 병을 이유로 사직했다. 고종은 이근명李根命을 바로 주진독리로 임명했으나, 그 역시 1889년(고종 26) 6월까지 천진에 가지 않고 버티다가 병으로 사직했다. 이후 김명규가 주진독리로 잠시 파견되었지만, 그 역시 반년을 버티지 못하고 돌아왔다. 1891년(고종 28) 김명규의 뒤를 이어 황기연黃耆淵이 임명됐으나, 근 1년 동안 병을 이유로 부임하지 않았다. 1892년(고종 29) 11월에 이면상李冕相이 새로 임명되었다. 그 역시 부임을 미루다가 다음 해 4월에 천진으로 향했으나, 5개월 뒤 병을 이유로 귀국한다. 이후 천진에 가지 않고 내무부 협판, 호조참판 등의 직을 수행했다. 그가 다시 천진에 가는 것은 청일전쟁 발발 이후이다.

거의 독리 대행체제로 운영되다보니 공관이 제대로 운영될 리가 없었다. 천진 공관은 여권이나 비자 업무 등 실무에 치중되어 있었다. 1882년 '장정' 체결로 상호 상무위원을 파견할 수 있다는 것은 양국의 교섭 창구가 된다는 것이기도 하다. 외교 사안을 한양에 주재하는 청의 상무위원을 통해 교섭할 수도 있고, 천진에 주재하는 조선의 상무위원을 통해 교섭할 수도 있다. 시간이 흐를수록 전자가 강화되며 후자의 역할은 점점 축소되었다. 고종은 주진독리를 적극적으로 활용하지 않았다. 이홍장과 직접 소통이 필요한 경우 '특사'를 주로 활용했다. 신병 문제로 천진 부임을 미루는 주진독리에 관대했다. 병을 이유로 귀국하는 이를 독촉해 돌려보내지 않고 조선 내 다른 관직을 줘서 부임하지 않아도 될 명분을 주었다. 임명절차가 이러니 조선시대 최초의 해외 상주 사절이 제 기능을 발휘할 리 만무했다.

파행적으로 운영되던 천진 공관은 1895년(고종 32) 청일전쟁으로 시모노세키 조약이 체결되면서 철폐된다. 이 조약으로 인해 조선과 청의 공식적인 외교 관계가 완전히 단절되어 조선 상무위원의 체류 근거가 없어졌다. 1895년 마지막 주진독리 이면상이 전쟁으로 북경에 묶여 있던 조공 사절단과 함께 귀국하면서, 천진 공관은 문을 닫았다. 이 시기 천진 공관의 소유권은 청나라에 귀속되었을까? 아니다. 1899년(광무 3) 한청통상조약韓淸通商條約의 체결 이후 다시 운영되지 못했지만, 온전한 조선 정부의 재산이었다. 이면상은 철수 당시 천진 공관에서 일하고 있던 중국인 직원인 장준張俊에게 천진 공관의 관리를 위탁했다.

이러한 사실은 천진 공관을 한국 최초의 근대적 재외공관으로 의미를 부각시킨다. 그것은 조공-책봉 관계와는 구별되는 관계 속에서 탄생했다. 그렇기에 조공-책봉 관계가 완전히 와해가 된 이후에도 재산권이 계승되었다. 그뿐만 아니라, 고종이 내탕금을 들여 구입한 미국 공사관과도 다르다. 김윤식이 당초에 맡긴 은 1천 냥의 성격은 알 수 없지만, 그것의 3배에 달한 추가 비용은 조선 정부가 냈다. 국왕의 개인 돈이 아닌 정부의 돈으로 공관을 인수한 것이다. 이 사실만으로 천진 공관이 지니는 역사적 의미는 충분하다.

사신을 따라 청나라에 가다

전쟁통에 떠난 사행,
마지막이 되다

청에 보내던 사신들은 초창기에 굴욕적인 마음으로 사행길에 올랐지만, 18세기 양국 관계가 안정되면서 사행은 세계 강대국을 경험할 수 있는 좋은 통로였다. 조선인들에게 그 길은 세계로 향하는 길이나 마찬가지였다. 그런 과정에서 홍대용의 《을병연행록》, 박지원의 《열하일기》가 탄생했다. 하지만 19세기 말 서구 세력이 아시아로 진격하던 시기 이 길은 점차 막히기 시작했다. 길에서 즐거움을 느끼기보다는 불안함이 커졌다.

... 전쟁 전야

가중되던 불안감은 1894년 폭발했다. 1894년 2월 고부에서 봉기한 전봉준의 동학농민군은 빠르게 세력을 확장하면서, 5월 말

전주를 점령했다. 조선 조정은 이를 해결할 능력이 없었으며, 청에 원병을 요청하는 방안이 논의됐다. 급박한 상황에서 청군이 출병했다. 호시탐탐 조선을 노리던 일본 역시 이 기회를 놓치지 않았다. 주조선 일본공사 스기무라 후카시杉村濬는 조선의 원병 요청 사실을 일본에 바로 알렸고, 일본은 조선 출병을 결정했다. 조선에 거주하는 일본인을 보호한다는 명분이었다. 일본과 청은 6월 초 거의 동시에 조선에 파병했지만, 더 신속하고 과감하게 움직인 것은 일본이었다. 6월 10일 약 500명의 일본군이 인천에 상륙하고, 다음 날 한양으로 진입했다.

상황이 급박하게 돌아가면서 서태후 육순 축하를 위해 파견하기로 한 사신단의 일정에 차질이 생겼다. 원래 사신단의 파견은 1894년 초 결정됐다. 청과의 전통적 조공-책봉 관계에 의한 것으로 문제될 게 없었다. 그러나 동학농민운동으로 인해 청과 일본의 군대가 조선에 출병하면서, 파견은 조심스러워질 수밖에 없었다. 조선이 청나라와 연합해 일본에 대항한다는 신호를 보낼 수도 있기 때문이다. 혹은 사행을 가장한 특사로 보일 수도 있었다. 아직 청일전쟁이 발발하지 않은 상황이었다. 만약 무력 충돌이 발발하면 조선의 처지가 난감해질 수 있었다.

일본군이 한양에 주둔하고 있는 상황에서 고종은 사신단의 파견을 결정했다. 정사는 이승순李承純, 부사는 민영철閔泳喆, 서장관은 이유재 李裕宰였다. 삼사는 7월 12일 고종에게 출발을 고했다. 고종은 삼사에게 북경에 가서 청나라 인사들을 만나면 현 상황을 알리라고 분부했다. 사신이 북경에 가기까지는 한 달이 넘는 여정이니 당장 일을 도모하기 위한 것은 아니었을 것이다. 하지만 삼사의 파견이나 고종의 분부를 볼 때, 만약 전쟁이 일어난다면 고종은 청나라 편에 서겠다는 뜻을 가지고 있었던 것 같다. 이는 사신단 출발 전인 7월 3일 주조선 일

사신을 따라 청나라에 가다

본공사 오오토리 게이스케大島圭介가 조선 정부에 제출한 〈내정개혁방안강령〉을 보면 더욱 명확해진다. 〈강령〉에 청나라와 관련된 사항은 없으나, 이를 제안하는 이유 중 하나로 조선이 '독립국에 적절한 정치확립'을 바라는 마음에서라고 밝히고 있다. 청과 조선의 관계를 고려하면 '독립국'의 의미는 복잡하다. 여기서 일본이 생각하던 '독립국'이란 무엇인가. 일본이 계속해서 논쟁을 벌여 온 '독립국' 조선은 청의 간섭을 받지 않는 혹은 청과의 관계를 완전히 청산한 국가였다. 하지만 조선은 청과 관계를 끊을 의사가 없었다. 그렇기에 고종은 사신단을 청나라에 파견했다. 오오토리 게이스케는 사신단이 한양을 떠난 직후 본국에 조선이 청과의 관계를 바꿀 의사가 전혀 없다고 보고했다.

... 긴박한 출발

사신단은 7월 13일 한양을 떠났다. 보통 홍제원에 집결해 출발하는데, 부사 민영철은 출발 전 용산에 있는 선산을 다녀오다 길을 잃었다. 용산 만리창萬里倉에는 당시 일본군이 주둔하고 있었다. 부사 민영철과 그의 수행원 김동호金東浩는 일본군의 모습을 생생히 목격할 수 있었다. 실제 군사는 400여 명이었으나, 김동호가 자신의《연행록》에 천여 명이라 잘못 기록할 만큼 그 기세가 등등했다. 민영철과 김동호는 홍제원으로 길을 재촉하는 중 일본군에 검문을 당했다. 일국의 외교사절이 자국에서 타국의 군대에 검문을 당하니 참으로 불편부당한 일이었다. 민영철은 자신이 청에 사절로 간다고 얘기하지 못했다. 왕명을 받고 평안도로 간다고 속였으니 침울하기 짝이 없다. 만약

청·일의 선전포고 전후 조선 정국과 관련된 주요 인물을 소개한
《요미우리 신문》7월 30일 자, 8월 4일 자 보도

(대한민국역사박물관 소장)

1894년 8월 1일 청과 일본 양국은 동시에 선전포고를 하였다. 이날을 전후하여《요미우리신문》은 청
과 조선의 유력 인사를 소개하였다. 위 그림은 이를 스크랩한 것이다. 상단에 날짜가 7월 30일로 되
어 있다. 하지만 4번째 단 끝에서 시작하여 마지막 단까지 '새로운 조선의 세 호걸'이라는 제목의 글
은 친일 핵심 인사 김홍집, 박영효, 김가진을 소개했는데, 이는 8월 4일 자에 실린 내용이다. 누군가 7
월 30일 자 기사에 8월 4일 자 기사를 붙인 것이다. 게다가 원판은 흑백이다. 당시 신문은 모두 흑백
으로 제작되었다. 그런데 누군가 색을 덧칠했다. 조선인이 한 것으로 보인다. 고종과 흥선대원군의
초상 상단에만 따로 장식이 있기 때문이다. 신문 원판에는 없는 장식이다. 왕실을 존중하는 의미에서
장식을 더한 듯하다.

사실대로 말했다면 출행을 저지당했을지도 모른다.

출발 당시 상황은 급박했지만, 이전 사행과 다른 없는 일정을 소화했다. 황주, 평양, 숙천에서 방물을 점검했고, 지나가는 지역에서 위문 연회를 대접받았다. 7월 29일 철산에 도착하여 분위기가 급변했다. 그곳에서 평양으로 향하는 청나라 군대와 마주쳤다. 원세개가 마산에서 배를 타고 청나라 연태로 갔다는 소식을 들었다. 전쟁이 임박했다.

이틀 뒤 사신단은 의주에 도착했다. 여기서 압록강을 건너면 청나라다. 의주에서 문서, 방물, 인원 등을 점검한다. 보통 짧게는 일주일 길게는 십여 일 의주에 머무르며 강을 건널 날을 기다린다. 이번 사행도 마찬가지였으나, 전쟁으로 인해 도강일이 자꾸 지체되었다. 사신단 사람들은 의주전보국에 매일 들러 상황을 주시했다. 상황은 점점 안 좋아졌다. 당시 조선의 전보선과 전보국은 청나라가 운영했는데, 일본군은 점령 지역에서 전보선을 끊었다.

8월 1일 청나라와 일본은 선전포고를 했다. 당시 의주전보국이 소식을 주고받을 수 있는 곳은 평양까지였다. 이틀 뒤 아산에서 큰 전투가 벌어졌는데, 양측이 승패를 가리지 못했다는 소식이 전해졌다. 사실 청군이 패배한 전투였다. 이후 평양에 청군 병력이 속속 집결한다는 소식이 들려왔다. 평양을 방어선으로 일전이 일어날 분위기였다.

전쟁이 일어났으니, 사신단은 어찌해야 할까. 한양과 연락이 두절되어 조정의 지시를 받을 방도가 없었다. 천진에 있는 주진독리에게 연락했으나 답이 없었다. 전황이 급박하게 돌아갔다. 아무도 사신단에게 연락을 주지 않았다. 사신단은 아무런 정보 없이 8월 19일 압록강을 건넜다. 의주에 도착한 지 20일 만이었다. 강을 건넜다는 것은 최소한 청 조정에서 와도 괜찮다는 허가를 한 것이다. 사신단은 여정을 재촉했다. 요동을 거쳐 심양으로 가는 길에 조선으로 가는 청나라 군대들과 속속 마주쳤다. 의주에서 불안감이 커졌지만, 그 군대를 보니 청군이 일본군을 제압해 줄 것이라는 희망을 조금이나마 가질 수 있었다.

... 청나라에서 힘겨운 생활

심양에 도착한 사신단은 천진에 있는 주진독리에게 전보를 보내 조공로를 변경할 수 있는지 문의했다. 전쟁 상황에서 하루라도 빨리 북경에 가야 한다고 판단한 것이다. 주진독리 이면상李冕相은 조공로는 함부로 바꿀 수 없다고 답신을 보냈다가, 청측의 허가가 떨어졌으니 우선 천진으로 오라는 급보를 보냈다. 이를 주선한 이가 바로 북양대신 이홍장이었다. 사신단은 산해관까지 이동한 후 북경으로 가지 않고, 기차를 타고 천진으로 향했다. 당시 기차 탑승은 조선인에게 매우 희귀한 경험이었다. 그러나 전쟁 상황에서 즐길 여유가 없었다. 사행 노선을 바꾸는 것 자체가 엄청난 외교적 사건일 뿐만 아니라, 천진으로 가는 것은 전쟁 국면을 조선에 유리하게 전환하기 위한 외교적 목적이 있었기 때문이다. 그들이 천진에 도착한 것은 9월 5일이었다.

천진 공관에는 주진독리 이면상과 종사관 서상교徐相喬, 그리고 고종의 밀사 민상호閔商鎬가 삼사를 기다리고 있었다. 사신은 그동안 조선의 소식에 대해 거의 들은 바가 없었다. 민상호에게서 지난 6월 21일 경복궁이 일본군에 의해 함락됐다는 충격적인 소식을 들었다. 삼사는 이면상과 전쟁 발발로 천진에 와 있는 원세개를 만났다. 이때까지만

　　　　　　　　　　　　　사신을 따라 청나라에 가다

해도 전세가 불리하지 않았으며 원세개가 원군을 이끌고 평양으로 갈 예정이어서 사신단 전체의 분위기는 꽤 괜찮았다. 청나라가 일본에 패하리라 생각한 이들은 별로 없었다. 원세개와 이면상이 평양으로 떠난 9월 8일, 사신들도 천진을 떠났다.

사신단은 3일 뒤 북경에 도착했다. 한양을 떠난 지 두 달이 지난 시점이었다. 북경 외곽의 통주에서부터 시끌벅적한 소리와 번화한 도시의 분위기를 느낄 수 있었다. 중화세계의 중심, 책에서만 보던 곳, 황제가 사는 도시 북경이었다. 하지만 전쟁으로 마음이 무거워진 사신단 일원의 분위기는 가라앉을 대로 가라앉아 있었다.

북경에서 생활도 그리 좋지 못했다. 보통 사신은 북경에 들어서 청나라가 제공하는 숙소에 머물지만, 수리가 제대로 되어 있지 않아 시간이 지나서야 회동관에 들어갈 수 있었다. 신문과 서신을 통해 전해지는 전쟁 소식도 그리 낙관적이지 못했다. 아직 전세를 판단하기 힘들었지만, 점점 청나라에 불리하게 돌아가고 있었다. 여기에 사신을 따라온 짐꾼들이며 상인들이 줄줄이 괴질, 마마 등 병으로 죽어 갔다. 사행 여정 중 죽는 이들이 나오는 것은 가끔 있었지만, 이번처럼 병으로 죽는 이들이 속출하는 것은 처음이었다. 전쟁으로 인하여 청나라 조정이 조선 사신단에 대해 신경을 많이 쓰지 못하기도 했지만, 돌아갈 수 없을지도 모른다는 불안감이 건강을 크게 해쳤다.

서태후의 육순 생신을 축하하기 위한 사신단의 공식 일정은 11월이 되면서 모두 마무리되었다. 하사품을 받고 조선으로 돌아갈 일만 남았다. 그러나 전쟁으로 귀국길이 막혀 돌아갈 방도가 없었다. 이에 광서제는 이들이 회동관에서 계속 머물 수 있도록 허락하면서, 생일 축하로 가져온 조공품도 받지 않았다. 그뿐만 아니라, 조선 국왕이 발급한 삼절연공행의 문서가 없음에도 불구하고 이들이 삼절연공행의 임무를 수행토록 윤허했다. 그들이 북경에서 공식적으로 머물 수 있는 명분을 제공해 준 것이다.

조선 사신은 해를 넘겨 삼절연공행의 직책을 수행하였고, 그 임무 또한 모두 마무리 지었다. 전세는 이미 일본 쪽으로 넘어갔으며 휴전 논의가 오갔다. 이제 조선 사신단은 청나라에 그리 달가운 존재가 아니었다. 조선 사신을 배려하여 회동관에 머물도록 하였으나, 이러한 조치들이 일본과의 강화 협상에 걸림돌이 될 수 있었다. 1895년 2월이 되면서 청나라에서는 조선 사신단의 귀국을 종용했다. 2월 5일 예부에서 조선 사신단의 귀국일을 통보해 왔다. 귀국 예정일은 3월 13일이었다.

... 바닷길로 귀국, 사행을 끝내다

조선 사신들은 귀국할 방도가 없었다. 청과 일본은 여전히 전쟁 중이었다. 요동은 전장이 되었고, 바닷길에는 돌아갈 배편이 없었다. 귀국길이 막혔다. 사신단은 예부에 귀국할 방도가 없다며, 떠나기 힘들다고 호소했다. 하지만 예부에서는 즉시 돌아가라고 했다. 조선 사신단은 야속하지만 어쩔 도리가 없었다. 보통 30여 명이 정식 사신인데 이들을 수행하는 인원을 제외한 나머지 인원인 100여 명만 먼저 귀국하도록 결정했다. 다 같이 귀국할 수 없었던 것은 사신의 정치적 문제와 귀국 경비 때문이었다. 이 소식이 전해지자 사신단은 크게 동요하였고 불만을 토로했다. 귀국일이 자꾸 미뤄지면서 많은 이들이 귀국하지 못할 수도 있다는 불안감이 컸으며 심신이 피로하여 병을 가진 이들은 타국에서 죽을지도 모른다는 공포가 있었기 때문이다.

3월 14일 사신단 일원 중 100여 명이 우선 귀국했다. 그리고 삼사를 포함해 80여 명이 남았다. 예부에서 귀국일 연장을 거부한 것은 더는 편의를 봐 주지 않겠다는 의미였다. 조선 사신은 이제 사신 신분을 유지할 수 없게 되었다. 이제 사신단 일행이 회동관에 머물 명분이 없어졌다. 결국 3월 말 나머지 일행은 정양문 밖 길상吉祥 객잔과 일승日升 객잔으로 옮겨 묵었다. 청과 조선이 조공-책봉 관계를 맺은 뒤 조선 사신단은 황성 밖에 거주한 적이 없었다. 삼사와 역관은 더이상 사신이 아니었다. 객잔으로 옮긴 사신단은 천진의 조선 공관과 조율하면서 귀국 일정을 잡기 시작했다.

100여 명의 선발대가 떠난 후 잔류 인원의 귀국은 더욱 힘들어졌다. 돌아갈 배를 구하기가 쉽지 않았기 때문이다. 청과 일본은 강화 협상을 하면서 청국 선박의 왕래를 일시적으로 중지시켰다. 이런 상황에서 조선 사신은 외국 선박을 이용해야 했는데 이는 큰 비용이 들어 조선 사신이 택하기 쉽지 않았다. 그렇다고 전쟁으로 어수선해진 육로를 통해 귀국하기도 쉽지 않았다. 이에 조선 사신은 청나라 예부에 어려움을 호소해 해결 방안을 모색했다. 청나라는 이들의 귀국을 위해 일본과 조율하여 청나라 군함을 타고 이들이 귀국할 수 있도록 했다. 이것이 가능할 수 있었던 것은 청과 일본이 시모노세키 조약을 체결했기 때문이다.

조선 사신은 5월 11일 북경을 떠나 통주에서 배를 타고 천진으로 이동한 후 청나라 군함인 진해호鎭海號를 타고 귀국길에 올랐다. 이들이 인천 제물포항에 도착한 것은 5월 25일이었다. 한양을 떠난 지 근 1년이 다 되어서야 고국으로 돌아왔다.

귀국 후 이들의 일상은 편치 않았던 것 같다. 청과 조선의 전통적 관계는 완전히 청산되었고, 조선의 내정은 일본의 손에 넘어가 있었다. 일본은 조선 조정을 감시하고 압박했다. 전쟁 기간 적국에서 1년을 보낸 이들이 곱게 보일 리가 없었다. 당시 임시 일본공사 스기무라 후카시杉村濬는 조선 외부대신인 김윤식에게 서신을 보내, 사신단이 청일전쟁 기간에 청나라에 머물며 무슨 일을 했는지 물었다. 하지만 김윤식은 사신 일행은 중국에서 특별히 활동한 것은 없으며 관례에 따라 사대활동을 수행했다고 답했다. 그들은 중국에 머무는 동안 경제적으로 많은 어려움을 겪었으며 표류민의 예에 따라 청나라의 도움으로 귀국할 수 있었다고 답했다. 의심의 눈초리를 보내는 임시 일본공사에게 시시콜콜 이야기할 필요는 없었다. 영선사로 천진에 있다가 임오군란이 일어나 급히 조선에 귀국했던 김윤식, 그는 마지막 사신단의 말할 수 없는 중국 생활을 그 누구보다 이해할 수 있었다.

사신을 따라 청나라에 가다

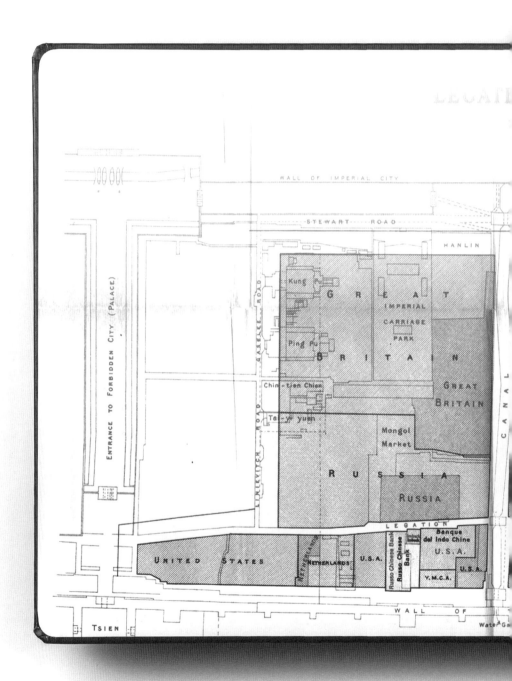

옛 황제의
도시에 세워진 공사관

청일전쟁에서 청나라가 패했다. 청나라와 일본이 시모노세키 조약을 체결했다. 청과 조선의 조공-책봉 관계는 청산됐고, 조선은 완전한 독립국이 되었다. 청나라와 조선 간 무역량은 감소했으며, 청나라는 조선 내 영향력을 완전히 상실했다. 그렇다고 해서 양국 관계가 바로 근대적 조약 관계로 전환된 것은 아니다. 조선은 아관파천 등 내우외환을 겪고 있었다. 청나라 역시 청일전쟁 패배의 영향에서 빠져나오지 못하고 있었다. 양국에 있는 상인 등 재외국민의 보호가 필요했지만, 국가 대 국가 간 대등한 조약을 맺기 위한 협상이 바로 이루어지지 못했다.

... 우여곡절 끝에 공사를
파견하다

청일전쟁 이후, 양국 간 정식 관계가 맺어지는 것은 1898년 9월 11일 한청통상조약이 체결되면서다. '통상'이라는 두 글자가 들어가긴 했지만, 이 조약이 통상에만 국한되는 것은 아니었다. 이 조약의 제1조는 양국 간 우호 관계는 영원할 것이라 규정하였으며, 다른 조항들은 관세, 범죄자·표류민 처리, 무역 등과 관련된 내용을 담고 있다. 특히 제2항에서는 상호 간 외교 관원을 파견할 수 있도록 규정했다. 제2항에 근거하여, 대한제국은 북경에 재외공관을 세울 길이 열렸다.

대한제국은 공사를 바로 파견하지는 못했다. 1899년 12월 16일 군부대신 심상훈沈相薰을 주청공사로 임명하긴 했지만, 그는 부임하지 못하고 이틀 뒤에 다른 직위를 임명받았다. 심상훈이 북경에 가지 못한 것은 의화단 운동과 8국연합군의 북경 공격 때문이었다. 중국 내 상황이 불안정한 상황에서 공사를 파견하기 쉽지 않았다. 게다가 한청통상조약을 통해 양국 관계를 정상화한 대한제국으로서는 청나라에 공사를 파견하는 일이 그리 급한 것은 아니었다. 양국 관계의 정상화는 중요했지만, 청일전쟁 이후 대청 관계의 비중이 크게 줄어들었기 때문이다. 또한, 재외공관 운영에 막대한 비용이 들었다. 큰 위험과 막대한 비용을 무릅쓰며 서두를 필요가 없었다.

의화단 문제가 어느 정도 해결된 이후에야 대한제국의 주청공사 파견 문제가 다시 논의되었다. 1902년 1월 30일 고종은 외부대신 박제순朴齊純을 주청공사에 임명했다. 박제순은 조선 주진공관에서 주진독리로 활동한 경력이 있으며, 실무 외교 분야에서 고위 관료에까지 오른, 고종의 신임을 받던 인물이었다.

박제순은 바로 부임하지 못하고, 9월 말이 돼서야 청나라로 향할 수 있었다. 박제순의 부임이 미뤄진 것은 당시 조선 내각 내 정치투쟁과 관련이 있다. 당시 외무대신을 맡고 있던 박제순은 러시아의 경흥 전신주 설치 건 및 프랑스 차관 거부 의사를 내보이면서 러시아와 프랑스 공사의 큰 반발을 샀으며, 정부 내 친러파와 친프랑스파의 공격을 받았다. 게다가 영일협약 체결 후 러시아·프랑스 공사와 친러시아·친프랑스파의 획책으로 정계의 동요가 일고 있었다. 이에 박제순은 청국으로 빠른 부임을 희망했으나, 고종은 위의 두 건에 대한 금후의 추이를 염려했다. 정국이 요동치는 시기였던 만큼 고종은 박제순을 외부대신으로 삼아 업무를 맡게 했다. 주청공사 직을 2월 27일 부로 면직시켰다. 하지만 러시아의 반발은 가라앉지 않았다. 3월 2일 러시아 공사가 고종을 알현한 자리에서 러시아 경흥 전신주 설치 건에 대한 박제순의 처리를 강하게 비판하자, 원래 외부대신 사직의 뜻을 두고 있던 박제순은 칩거하며 사직의 뜻을 강하게 내비쳤다. 고종은 어쩔 수 없이 박제순의 외부대신 사임을 받아들였으며, 그를 다시 주청공사로 임명했다.

박제순의 부임에는 또 다른 어려움이 있었다. 바로 주청공관 건물 문제였다. 공사를 파견하기 위해서는 공관 건물이 필요했다. 1901년 겨울 고종은 당시 프랑스어 교사로 고용되어 있던 에밀 마르텔Emile Martel을 통해 북경 동교민항에 있는 전임 미국 주청공사 찰스 덴비Charles Denby의 3층짜리 건물을 샀다. 다만 이 건물은 1902년 6월 30일까지 미국 공사관에 임대하고 있었기에 소유권은 7월 1일 이후에야 넘어오게 되어 있었다.

고종이 이 건물을 매입한 이후 미국 정부는 대한제국 외부에 건물 임대를 12월 31일까지 연장해 달라고 요청했다. 미국 정부 내 조율 문제 등이 있다는 것이었다. 못마땅했지만, 어찌할 방도가 없었다. 이런 사실을 알고 박제순은 9월 말 북경으로 부임했다. 그는 바로 이 건물에 들어가지 못하고 정양문 밖에 미국 공사관이 제공해 준 허름한 건물에서 12월 31일이 되기를 기다렸다. 그런데 미국은 해를 넘겨서도 건물을 양도해 줄 생각을 하지 않았다. 이는 명백한 계약 위반이었다. 고종은 마르텔을 파견해 이 문제를 해결토록 했다. 미국 공사관은 호텔로 사용 중이라 바로 양도가 어렵다며 3월 말까지 공관 건물을 사용했다. 우여곡절 끝에 박제순은 1903년 4월이 되어서야 대한제국 주청 공관에 들어갈 수 있었다.

... 자금난에 허덕이다

황현의 《매천야록》은 박제순의 주청공사 부임에 관해 다음과 같이 설명했다.

박제순을 주청공사에 임명하여 북경으로 보냈다. 처음으로 청나라와 대등하게 되었으므로 임금은 사신의 치레가 너무 간략하여 청나라인들의 웃음거리가 될까 걱정했다. 이에 특별히 내탕금 십오만 원을 내려 공사관을 구입하고는 화려하게 꾸며 다른 건물과 어울리게 했다. 또한 문장이 화려하고 외교에 능한 박제순을 뽑아 파견했다. 박제순이 도착하여 새 공사관을 짓기 위한 비용을 계산해보니, 수백

만 원을 들이지 않으면 안 되었다. 마침 미국 공사가 그들의 옛 공사관을 팔게 되어 십사만 원에 사들였는데, 제법 웅장하고 컸다. 그러나 각국 공사관을 왕래하며 그들의 거처를 보니 모두 신선세계의 정원 같아서 자기도 모르게 주눅들었다. 박태영이 참사관 자격으로 박제순을 따라갔는데, 내게 그 이야기를 하면서 서로 웃었다.[58]

황현의 얘기를 빌리자면, 대한제국은 체면을 구기지 않고자 북경 공관에 신경을 많이 쓴 듯하다. 하지만 다른 강대국의 대사관 건물과 비교하자면 참으로 초라한 것이었다. 이 기록을 어디까지 믿어야 할까. 대체로 사실이었던 것 같다. 각종 사료를 살펴보면 박제순은은 5,000원을 가지고 부임했다. 그런데 6개월 동안 공사관 기물을 사는 데 만 원을, 기타 경비로 4천 원을 썼다. 기타 비용은 대출을 받았던 것 같다. 이에 박제순은 본국에 비용을 보내 달라고 재촉했지만, 1903년 말이 되어서야 비용 문제가 해결됐다. 흥미로운 부분은 이 비용을 국가 재정을 담당하는 탁지부가 아닌 황실 업무를 총괄하던 궁내부에서 담당했다. 즉, 북경 공관은 대한제국의 소유가 아닌 황실의 소유였다.

공사도 파견되었고 공관도 마련되었으니 운영만 잘 하면 됐다. 박제순은 젊은 시절 주진공관에서 잔뼈가 굵은 데다 고종의 신임까지 얻고 있으니 문제될 것이 없어 보였다. 하지만 돈이 그의 발목을 잡았다. 돈이 없는 외교관이 할 수 있는 일은 많지 않다. 외교관이란 외교와 통상사무를 담당하며, 파견국의 정보 수집과 인맥을 확장해 나가는 것이 가장 중요하다. 그런데 이런 업무에는 돈이 필요하다. 각종 신문과 자료를 구해서 봐야 하고 연회 및 접견을 통해 타국의 외교관과 우호적

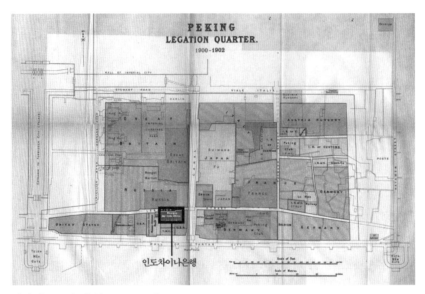

PEKING
LEGATION QUARTER.
1900-1902

인도차이나은행

북경 외교 공관 지구(1900～1902)

이 지도는 호세아 발로우 모스Hosea Ballou Morse의《중화제국 대외관계사*The International Relations of the Chinese Empire*》3권에 수록되어 있다. 의화단 운동 직후의 상황을 담고 있는데, 이 지도의 미국 공관 지역에는 인도차이나은행Banqe del Indo Chine이 표시되어 있다. 하지만 인도차이나은행 북경지점은 1906년 설립되었다. 모스가 위치는 정확히 표시했지만, 연도를 착각하고 잘못 기록했다. 이곳은 원래 미국 공사관 소유였는데, 호텔로 쓰이다가 대한제국에 매각되어 대한제국 공사관으로 사용되었다. 인도차이나은행이 이곳을 차지하는 것은 '을사늑약' 이후이다.

사신을 따라 청나라에 가다

관계를 맺어야 한다. 청나라에서 자국 범죄자나 표류민은 본국으로 송환시켜야 하는데 이 또한 다 돈이 들어가는 일이었다. 돈 들어갈 곳은 한두 곳이 아닌데 재정적으로 궁핍했던 대한제국 정부는 박제순을 제대로 지원해 줄 수 없었다. 심지어는 북경 주청 공관의 매입과 보수에 들었던 비용조차 내지 못하고 있었다. 공관 관리 비용과 공관 직원의 임금 또한 제때 지급하지 못했다.

북경 공관의 숨통을 트여 준 것이 바로 과거의 천진 공관이다. 1895년 주진독리가 조선의 마지막 사신단과 함께 귀국한 후, 천진 공관은 말만 공관이었다. 사용되지 않고 기본적인 관리만 이루어졌다. 1899년 한청통상조약이 체결되었지만 천진 공관은 재개설되지 않았다. 대한제국의 재정 문제가 심각하여 여러 공관을 운영할 수 있는 형편이 아니었다. 그런데 1900년 천진 일본공사관에 주둔하던 일본 헌병대가 조선 천진 공관에 난입하여 건물 일부와 기물을 파손하는 일이 벌어졌다. 큰 외교적 문제로 번지지 않았지만, 양국은 배상 문제를 두고 협상을 벌였으며 1903년 여름이 돼서야 조선은 배상금 5,700원을 받을 수 있었다. 이 문제 해결에 적극적으로 나섰던 사람이 주청 전권공사인 박제순이었다. 그는 이 배상금을 북경 공관의 채무를 해결하는 데 충당했다. 이것은 과도기적 시절에 세워졌던 천진 공관이 북경 공관과 연결되어 있음을 보여 준다. 애초에 천진 공관의 소유권이 조선에 있지 않았다면 있을 수 없는 일이었다. 전통적 조공-책봉 관계에서 조공국이 상국의 영토에 소유권을 가진다는 것은 절대 불가능했다. 근대로 가는 과도기에 가능했던 일이다.

... 한일병탄으로 사라지다

공관 운영의 어려움을 겪고 있는 상황에서 1904년 1월 말 박제순은 외부대신으로 임명된다. 당시 조선 내에서 러일 간 갈등이 고조되어 전쟁 발발 직전의 상황이었다. 고종은 1월 23일 중립을 선언하고 가장 믿을만한 외교 관료인 박제순을 불러들여 이 난국을 헤쳐나가려고 했다. 하지만 일본은 2월 초 러시아와 국교를 단절하고 여순을 공격하면서 러일전쟁이 발발하였으며, 강제로 대한제국과 한일의정서韓日議定書를 체결하여 조선 내 영향력을 크게 확대했다. 이 상황에서 고종과 박제순이 할 수 있는 일은 크게 없었다.

박제순이 외부대신에 임명되고 나서 후임 주청공사로 임명된 인물은 민영철이다. 민영철은 당시 친일세력으로 일본이 한일의정서 체결 이전 고종과의 '밀약'을 추진하기 위해 획책했던 인물이다. 하지만 고종이 '밀약'을 거부하면서 민영철의 입지는 크게 줄어들었으며, 고종은 그를 주청공사로 임명했다. 일본은 민영철이 여전히 이용가치가 있다고 생각하고 그가 실각하는 것을 원하지 않았다. 그뿐만 아니라, 조선의 보호국화를 위해서는 주변국의 동의가 절실했다. 친일 성향의 민영철이 주청공사로 가는 것은 일본 측에서는 반가운 일이 아닐 수 없었다. 그렇기에 일본은 민영철에게 청나라 부임을 재촉했다. 민영철은 2월 말 청국으로 떠나 3월 18일 국서를 청나라에 전달했다.

민영철이 부임했던 시기는 러일전쟁이 진행 중인 상황이었기에 가장 큰 문제는 전쟁으로 인한 난민 처리 문제였다. 특히 요동 지역에서 많은 조선 난민이 발생했는데 이들을 보호하고 귀국시키는 것이 중요한 일이었다. 하지만 경비 부족으로 이러한 일을 제대로 처리하지 못했다.

사신을 따라 청나라에 가다

여러 가지 어려움을 겪고 있는 상황 속에서 민영철은 11월 말 본국으로부터 소환 명령을 받는다. 그가 소환된 이유는 바로 황태자비의 사망 사실을 러시아 측에 알렸다는 것과 러시아 공관이 주최한 연회에 참석했다는 것이다. 대한제국을 대표하는 공사로 이와 같이 한 일이 무엇이 문제일까. 대한제국 내각이 일본의 손아귀에 들어간 시점에선 문제가 된다. 러시아와 내통의 여지가 있다는 점이다. 이런 사실이 조선에 알려진 것은 주청 일본공사관이 항시 민영철의 거취를 주목하고 있었기 때문이다. 주청 일본공사 우치다 고사이内田康哉는 대한제국 주청 직원인 김필희金弼熙으로부터 민영철과 러시아 공사의 왕래가 있다는 정보를 입수하였고, 본국에 민영철이 러시아로부터 이용당할 수 있다고 보고하였다. 이 사실은 곧바로 주한 일본공사 하야시 곤스케林権助에게 전달되었다. 하야시 곤스케는 민영철을 바로 소환토록 조치했다. 민영철은 귀국 후 일이 염려되어 차일피일 귀국을 미루다가 1905년 1월에서야 귀국했다. 이후 공사관은 박태영의 대리공사 체제로 운영되었으나 여전히 경비 부족으로 어려움을 겪었다.

북경 공관은 1905년 11월 대한제국과 일본이 을사늑약을 체결하며 철수하는 운명을 맞이한다. 대한제국의 외교권이 박탈되면서, 일본은 대한제국이 해외에 설치한 상주 공관은 모두 철수하도록 명령을 내렸다. 상주 공관의 재산은 일본 정부 소유로 이전되었다. 그런데 문제가 생겼다. 앞서 얘기하였듯, 북경 공관은 탁지부가 아닌 궁내부에서 비용을 댄 것이다. 국가의 소유가 아닌 황실의 소유였다. 그뿐만 아니라, 고종은 이를 담보로 프랑스의 콜브란 보스트윅 개발회사Collbran-Bostwick Development Company로부터 대출까지 받았다. 1906년 일본 관원과 콜브란Henry Collbran의 대화를 보면 그 내막이 상세히 기록되어 있다. 고종은 이 회사에 대출 문의를 하였고 북경 공관과 워싱턴 공관을 담보로 삼았다. 하지만 고종은 집문서를 제시하지 못했고, 콜브란은 공관 건물은 정부의 건물인데 고종이 사적으로 담보 삼아 대출을 할 수 있는가에 대해 의문을 가졌다. 고종은 황실 재산이라 확언하였으며, 조만간 집문서를 제공하겠다는 보증 서한을 보내 대출을 받았다. 이에 콜브란은 고종에게 3만 원을 대출해 주었다.

문제는 한일병탄이 이루어진 상황에서 북경 공관을 어떻게 처리하느냐 문제였다. 콜브란은 집문서라는 담보 서류가 없었다. 일본이 요청하면 넘겨 줄 수밖에 없는 상황이었다. 고종과 콜브란 사이의 채무관계가 어떻게 처리됐는지 알 수 없지만, 북경 공관은 결국 일본 정부로 넘어갔으며, 1906년 프랑스 인도차이나은행에 매각됐다. 인도차이나은행 북경지점 건물로 쓰였는데, 현재는 북경시 공안국 건물로 쓰이고 있다. 하지만 인도차이나은행 북경지점은 1917년 재건축을 하였기 때문에 주청 공관의 원래 모습은 찾아볼 수가 없다.

마지막으로 박제순과 민영철의 이야기를 잠시 해 보고자 한다. 박제순은 잘 알려진 친일파이다. 을사늑약 당시 외부대신이었고, 후일 을사오적으로 불리며 친일행각을 비판받았다. 을사늑약 이전 일본 측으로부터 돈을 받았고, 을사늑약에 적극적이진 않았지만 방조했다. 그러나 그의 친일활동은 주청공사에서 소환된 이후부터 시작됐다. 반면, 민영철은 친일인사지만 주청공사에서 소환된 이후 입지를 굳히지 못하고, 1906년 상해로 망명했다. 이후 고종의 해외밀사 파견에 깊이 관여했다. 그는 친일인사였지만 주청공사 직을 전후로 심경에 변화가 온 것이다. 두 사람의 행보를 어떻게 바라봐야 할까. 역사의 아이러니가 아닐 수 없다.

사신을 따라 청나라에 가다

북평잡감

지금까지 청나라로 떠난 조선 사신과 관련된 이야기, 조공 사신에서 근대적 외교사절로 변화하는 이야기를 살펴봤다. 1905년 을사늑약으로 조선의 외교사절 관련 이야기는 완전히 끝난다. 그 이후에 한국이 해방되기까지 중국에 살았던 한국인의 삶은 어떠했는지 이야기하는 것으로 책을 마무리짓고자 한다. 당시 중국에는 독립운동가, 유학생, 불법이민자, 친일협력자 등 많은 한국인들이 있었다. 이들의 이야기를 다 하는 것은 힘들다. 대신 《사랑손님과 어머니》로 유명한 주요섭의 중국 생활을 풀어 볼까 한다.

...3·1운동으로 시작된 유학

주요섭은 중국에서 유학했고, 대학에서 강의까지 한 중국통이다. 그가 처음부터 중국 유학을 생각했던 것은 아니다. 숭실중학에 다니던 그는 1918년 아버지를 따라 일본으로 가 아오야마학원 중학부에서 공부하게 된다. 그런데 다음 해 3·1운동이 일어난다. 가만히 보고 있을 수만 없었다. 바로 귀국하여 만세운동에 참여했다. 그러나 지하신문을 발간하다 적발되어 10개월 동안 옥살이를 했다. 이후 그가 선택한 길은 중국 유학이었다. 그는 1920년 소주에 있는 안성중학安晟中學을 거쳐 상해 호강대학滬江大學 부속중학을 졸업했다. 공부를 계속해 1927년 호강대학 교육학과를 졸업했다.

호강대학은 미국 침례회 선교회가 만든 대학으로 1906년 신학원으로 시작한 대학이다. 당시 상해에서 호강대학은 성요한대학과 함께 대표적인 교회재단 대학으로 유명했다. 1929년 남경 국민정부가 세워진 후 교육부에 등록 당시 영문명을 'University of Shanghai'라 할 정도로 상해를 대표하는 대학이었다. 그러나 중화인민공화국이 세워지고 1952년 대학 개편으로 각 학부가 각기 다른 대학으로 이전되면서 해체되었다. 호강대학이 배출한 한국인이 꽤 많다. 주요섭의 형 주요한과 피천득, 현진건 등이 이 대학을 졸업했다.

주요섭의 호강대학 시절 많은 관심을 가진 것은 문학이었다. 그는 1921년 〈깨어진 항아리〉를 《매일신보》에 발표하면서 등단했다. 1927년 스탠퍼드대학으로 유학을 떠나기 전까지 중국에서 〈추운밤〉, 〈인력거꾼〉, 〈살인〉, 〈개밥〉 등 작품 다수를 발표했다. 이 시기의 작품들은 당시 그의 상해 생활이 녹아 들어, 고통받던 상해 하층민들의 삶을 그리고 있다. 여기까지는 주요섭에 관해 꽤 많이 알려진 이야기다. 이제부터는 거의 알려지지 않은 이야기다.

... 육상에 두각을 보이다

상해 유학 시절 주요섭은 특출한 운동 능력을 보여 줬다. 펜대나 굴리며 책상 앞에만 앉아 있을 것 같은 소설가와는 잘 어울리지 않는 모습이었다. 하지만 이런 생각은 편견에 불과하다. 주요섭은 뛰어난 운동 실력을 가지고 있었다. 뛰어난 정도가 아니라 전문 운동선수로 활약해도 될 만한 실력이었다. 1923년 11월 19일 자《동아일보》는 11월 10일 남양대학에서 열린 상해 체육경진회 도보 경주 부문에서 주요섭이 2등을 차지했다고 보도했다. 1등 역시 한국인이었는데, 호강대학 재학생 신형철申瀅撤이었다. 1924년 12월 25일 자《동아일보》는 중국 남방 8개 대학 연합마라톤대회가 상해 삼영리 거리에서 열렸는데, 주요섭이 1등을 차지했다고 보도했다. 주요섭이 이렇게 달리기를 잘했다니 상상이 가질 않는다.

상해에서 달리기로 두각을 보이던 주요섭은 1925년 원동운동회遠東運動會에 참가했다. 원동운동회는 1913년 필리핀, 중국, 일본 삼국이 처음 모여 개최한 대회에서 시작됐다. 필리핀, 중국, 일본을 중심으로 열렸으며, 5회와 8회 대회에는 인도, 말레이시아 등이 참가하기도 했다. 주요섭이 참가한 대회는 제7회 원동운동회로 필리핀 마닐라에서 5월 16~23일 8일간 열렸다.

그런데 원동운동회는 국가대항전이다. 개인은 한 국가의 대표로만 참가할 수 있었다. 주요섭이 참가하기 위해서는 한 국가의 대표가 되어야 했다. 하지만 일본의 식민지가 된 한국은 이 세상에 존재하지 않았다. 한국은 일본의 식민지이니 일본의 대표로 나가야 정상이었다. 하지만 3·1운동에 참여했고, 상해 유학생 독립운동 단체 조직에 열성이었던 그가 일본 국가대표가 될 수는 없었다. 그것은 조선이 일본의 한 부분임을 공식적으로 인정하는 것이나 마찬가지였다. 그가 선택한 국가는 유학 중인 중국이었다.

중국 대표 선수 선발전이 5월 1, 2일 이틀 동안 상해 성요한대학 운동장에서 열렸다. 주요섭은 5월 1일 1,500미터 달리기 경기에서 4분 38초의 기록으로 1등을 차지했다. 다음 날 펼쳐진 5,000미터 경기에서도 17분 30초의 기록으로 1등을 차지했다. 1923년 11월 10일 상해 체육경진회 도보 경주에 주요섭과 같이 참가해 1등을 차지한 신형철은 800미터 선발 경기에 참여해 3등을 했다. 하지만 선발 인원이 2명이었기에 안타깝게 탈락하고 만다.

이번 선발전에서 발탁된 주요섭은 중국 대표가 되어 마닐라로 향했다. 주요섭은 대표 선발전에서 1등을 했던 1,500미터, 5,000미터에 출전했다. 하지만 육상 강국이었던 일본 선수들에 밀려 입상에 실패한다. 그런데 어찌된 일일까. 그는 10,000미터 경기에도 출전하게 됐다. 아직 중국은 육상에서 메달을 한 개도 따지 못한 상황이었다. 주요섭이 어떤 연유로 출전하게 됐는지 알 수 없지만, 그는 경기 중 갑자기 복통이 찾아왔음에도 투혼을 발휘해 3등으로 결승선을 통과했다. 한국인이 중국 육상계의 자존심을 세우는 순간이었다. 이후 중국인인 오덕무가 육상 5종 경기에서 금메달을 따 주요섭의 동메달이 크게 빛을 보지 못했지만, 대단한 성적이 아닐 수 없다.

메달과 상관없이 주요섭은 원동운동회에 출전하며 중국 육상계에 한 획을 그었다. 그가 5,000미터 대표 선발전에서 기록한 17분 30초는 당시 중국 신기록이었다. 이 기록은 10년이나 유지됐다. 그동안 각종 체육 연감에 그의 기록이 소개됐다. 1935년 4월 21일 열린 강남과 화

1935년 이전 전국 육상 기록 보유자, 우측 중간이 주요섭

《체육계간體育季刊》1935년 1권 2기)

원동운동회 이후 주요섭이 육상대회에 참가했다는 기록이 보이지 않는다. 그가 더는 달리지 않은 걸까. 그는 얼마 안 있어 〈인력거꾼〉(1925)이라는 소설을 발표했다. 이 소설에 아청이라는 인물이 나온다. 아청은 인력거꾼으로 인력거를 끈 지 8년째 되는 해에 죽었다. 이에 경찰은 당연하다는 듯이 "남보다 한 1년 일찍 죽은 셈이지만, 지난번 공보국 조사에 보면 인력거 끌기 시작한 지 9년 만에는 모두 죽는다고 하지 않았습니까?"라고 얘기한다. 인력거꾼은 생계를 위해 달린다. 그러다 죽는다. 주요섭은 단순히 기록을 위한 달리기를 할 수 없었던 것이 아닐까.

광 양 팀의 육상 경기에서 왕정림이 17분 18초를 기록해 주요섭의 기록이 깨지지만 말이다.

... 보인대학 교수로 지냈던 북경 생활

문학과 운동 분야에서 두각을 나타내던 주요섭은 대학 졸업 후 스탠포드대학으로 유학을 떠났다. 그는 학부 때 전공을 계속 이어가 교육학 석사 과정에 입학해 학위를 받고, 1930년 한국으로 귀국한다. 귀국 후에는 동아일보사에 취직하여 《신동아》 주간을 맡았다. 이 시절 여덟 살 어린 피천득의 집에서 잠시 머무르며, 피천득과 그의 어머니를 모델로 〈사랑손님과 어머니〉의 소설을 구상했다. 1934년에는 북경으로 건너와 보인대학輔仁大學에서 강의를 하게 되었다. 1934년 9월 28일 자 《동아일보》 기사를 보면, "다년간 본사에서 근무하던 주요섭 씨는 요전번에 사정에 의하야 사임한 후 북중국으로 나갔는데 씨는 방금 북평 보인대학 교수로 피임되어 건재 중이며 씨가 담당한 과목은 교육학과 서양문학과라고 한다."

주요섭이 잘 다니던 신문사를 그만둔 데는 여러 이유가 있겠지만, 그중 하나는 같은 신문사에서 일하던 김자혜金慈惠를 향한 사랑이었다. 김자혜는 이화여전을 졸업했고, 1932년 동아일보사에 입사해 다음 해 창간된 《신가정》의 기자로 활동했다. 김자혜는 입사 이전부터 주요섭을 알고 있었고, 같이 일을 하며 서로 좋아하는 사이가 됐다. 문제는 당시 신문사 내에 여기자가 몇 명 없었고, 동아일보사 사장이었던 송진우가 사내 연애에 매우 엄격했다는 것이다. 결국 비밀연애 중인 주요섭과 김자혜는 1934년 여름에 퇴사를 하게 된다.

물론 퇴사 이유가 사랑 때문만은 아니었다. 그는 신문사 일에 매우 열성이었으나, 언론을 통제하는 일제의 정책에 숨이 막혔다. 주요섭은 1964년, 당시 상황을 이렇게 회상했다.

> 원고를 모아 놓고도 고생이었다. 원고 검열이어서 손을 나누어 복사하고 한편으로 조판, 한편으론 검열을 진행했다. 신문사에서 하는 거라 보아 준다는 것이 자그만치 한 달이나 걸리곤 했다. 그만두라는 이야기와 같았다. 총독부의 눈을 속이려고 투고의 자구를 요리조리 수정하느라 모두 땀을 빼기도 하고. 자유천지 미국에서 돌아온 직후여서 더했겠지만 부자유스럽기가 감옥 같았다. 2년 뒤 중국으로 떠났다.[59]

그가 한국을 떠나 간 곳은 북경이었다. 그가 유학했던 상해가 아니라 북경이라니 조금 의아하다. 보인대학에서 자리를 잡을 수 있는 기회를 얻어서였을까. 그가 북경을 선택한 연유는 알 수 없지만, 북경은 그에게 평온을 가져다 줬다. 1937년 《백광》에 발표한 〈북평잡감北平雜感: 이국수상〉이라는 글에서 북경 생활을 이렇게 묘사했다.

> 경치가 아름다운 것도 한 특색 아닐 수 없고 인심이 순후한 것도 한 특색 아닐 수 없으니 그것들보다도 이 성내를 충일하는 안정감, 폭가라앉은 듯한 마음의 느긋함과 여유, 여기에 북평의 참맛이 있는 것이다. 의학자의 말을 들으면 신경쇠약자가 북평으로 오면 신경이 누그러지고 고혈압 환자가 북평으로 오면 혈압이 현저하게 낮아진

다고 한다. 그것은 사실일 것이다. 필자도 지구의 약 삼분지 일쯤은 편답해 본 경험이 있거니와, 이 북평에서처럼 몸과 정신과 마음의 평화를 누려본 경험이 일즉 없었다.[60]

북평은 국민당의 남경 국민정부가 세워진 이후에 바뀐 북경의 이름이다. 수도를 남경으로 옮기면서 북경의 이름도 바꾼 것이다. 북경은 수도의 지위를 잃었지만, 여전히 매력적인 도시였다. 주요섭은 그 매력을 북경의 삼다三多에서 찾았다. 당시 북경에는 세 가지가 많았는데, 첫째는 나무요, 둘째는 담장이요, 셋째는 인력거였다. 북경은 오랫동안 중국의 수도였기에 다른 도시와는 다른 모습이었다. 북경은 황제의 쉼터가 곳곳에 남겨진 큰 정원이었다. 그뿐 아니라, 과거 왕공의 집들이 곳곳에 있어 나무가 많았다. 사합원 마당에 고즈넉한 나무들, 경산과 북해에 올라 보면 수목이 감싸고 있는 곳이 북경이었다.

둘째는 담장이었다. 북경의 궁궐과 밖에서 보면 폐쇄적 구조로 되어 있는 사합원들이 만든 담장들은 사방으로 거리를 만들고, 수많은 후통을 만들어 냈다. 그러한 담장은 빠르게 변화하는 시대 속에서 고즈넉하고 아늑한 멋을 만들어 냈다.

마지막으로 인력거였다. 북경의 복잡한 거리는 현대적 교통수단이 발전하기 어려운 구조였다. 그래서 발달한 것이 인력거였다. 주요섭은 일찍이 인력거에 관심이 있어 상해 유학 시절 〈인력거꾼〉이라는 소설을 발표했다. 그에게 인력거는 운송수단이라기보다는 고달픈 하층민의 삶을 보여 주는 표상이었다. 그는 당시 북경은 인력거를 타 주는 것이 자선행위가 되는 곳이라 했다. 사람이 끄는 차를 타는 것도 마음이 걸리거니와 너무 값싼 가격에 인력거를 타는 것이 썩 내키지 않지만,

그들의 고달픈 삶을 생각한다면 인력거를 타 줘야 그들이 살아갈 수 있었다.

삼다가 가져다 주는 평온함이었을까, 북경에 온 지 2년 뒤 김자혜와 결혼을 했다. 안정적인 직장과 행복한 생활이 이어졌다. 이는 그의 창작활동에도 영향을 주었다. 그의 작품은 서정성이 강해지고, 인간의 심리 묘사가 더욱 세밀해졌다. 그의 대표작인 〈사랑손님과 어머니〉(1935)를 비롯해 이 시절 쓰여진 〈아네모네 마담〉(1936), 〈추물〉(1936) 등이 큰 사랑을 받았다.

하지만 북경에서 행복하게 지내면서도, 식민지 지식인으로 그의 신경을 자극하는 일이 종종 있었다. 조국에서 지인들이 보내는 편지 중 간혹 편지 봉투에 '만주국'이라는 글자가 붉은 글씨로 적혀 있었다. 식민지 한국의 우체국에서 중국으로 보내며 한 짓이었다. 심지어 편지를 쓴 이가 '만주국 북평'이라고 써서 보낸 적도 있었다. 이런 편지를 받으면, 주요섭은 멍해져 실소가 나왔다. 1932년 일본은 중국 동북 지역에 괴뢰정권인 만주국을 세웠다. 그러나 북경이 일본에 넘어가는 것은 1937년 7월 7일 노구교 사건 이후 전면적인 중일전쟁이 발발하면서다. 〈북평잡감: 이국수상〉이 1937년 6월 발표됐으니, 북경이 만주국의 땅일 리 없다. 주요섭의 지인들이 주요섭에게 편지를 쓰며, 북경을 만주국으로 '스스로' 둔갑시켜 버린 것이다. 그들이 무지해서일까, 아니면 이미 동화된 것일까. 알 방도가 없다. 주요섭의 멍한 실소 뒤에 식민지의 쓸쓸함만 남을 뿐이다.

주요섭은 그저 쓸쓸했겠지만, 편지를 전하는 중국 우체국은 울화통이 터졌을 것이다. 야금야금 중국을 먹어 가는 일본에 분노가 치미는데, 제멋대로 북경을 만주국의 영토로 만들어 버리니 말이다. 편지를 북북 찢어 버리고 싶은 마음도 있었을 것이다. 하지만 직업의 본분이 있으니 그럴 수 없다. 일본은 아직 적국도 아니었다. 그렇기에 그들은 '만주국'이라는 글자를 빨간 잉크로 죽죽 그어 소인을 찍어 보냈다. 분명 주소가 틀렸으니 규정이나 직업윤리에 어긋나는 일도 아니었다.

이런 일도 오래가지 못했다. 노구교 사건 이후 1937년 8월 말 북경은 일본군에 의해 함락되었다. 주요섭은 귀국하지 않았다. 북경이 함락됐지만, 조국도 식민지 통치를 받으니 별반 다를 바 없었다. 다른 곳으로 떠나지도 않았다. 중국이 일본과의 전면전에 들어갔으니, 어디로 피할 것인가. 외국인에게 쉽지 않은 일이었다. 일본군이 점령했다고 하나, 북경의 '삼다'가 사라진 것은 아니니 지낼 만했을 것이다. 아니면 일본의 감시 때문에 쉽게 움직이지 못했을까. 노구교 사건은 갑작스레 발발했고, 떠날 겨를도 없이 일본군이 북경에 들이닥쳤다. 이후 주요섭도 고초를 겪었다. 한동안 일본영사관 유치장에 갇혀 지냈다. 북경에서 독립운동을 하진 않았지만, 3·1운동에 참여했던 인물이 아닌가. 한국에서 명성도 있으니 요주의 인물이었을 것이다. 일본이 그를 감시하고 조사하는 것은 당연해 보인다. 그는 북경을 떠나 어디도 가기 쉽지 않았을 것이다. 어디 주요섭만 그랬을까. 그때는 그랬다.

사신을 따라 청나라에 가다

참고문헌

연행록

姜銑,《국역 연행록》, 이종묵 옮김, 국립중앙도서관, 2009.

權時亨,《石湍燕記》,《연행록전집》90～91, 동국대학교출판부, 2001.

權喜學,《燕行日錄》,《연행록속집》108～109, 상서원, 2008.

金景善,《燕轅直指》,《국역 연행록선집》10～11, 민족문화추진회, 1977.

金東浩,《燕行錄(影印本)》,《釜大史學》7, 1983.

金善民,《국역 관연록》, 박은정·이홍식 역, 세종대왕기념사업회, 2016.

金堉,《朝京日錄》,《연행록전집》16, 동국대학교출판부, 2001.

金直淵,《燕槎日錄》, 신익철 역, 의왕향토사료관, 2011.

金昌業,《燕行日記》,《국역 연행록선집》4, 민족문화추진회, 1976.

南泰齊,《椒蔗錄》,《연행록속집》116, 상서원, 2008.

李健命,《寒圃齋使行日記》,《연행록속집》112, 상서원, 2008.

李冕九,《隨槎錄》, KRpia 燕行錄叢刊DB.

李承五,《觀華志》, 일본 교토대학 가와이문고河合文庫 소장.

李永得,《燕行錄》,《연행록전집》81, 동국대학교출판부, 2001.

李宜顯,《庚子燕行雜識》,《국역 연행록선집》5, 민족문화추진회, 1976.

李喆輔,《丁巳燕行日記》(《止庵遺稿》册8),《한국문집총간》續 71, 한국고전번역원, 2009.

李恒億,《국역 연행일기》, 이동환 역, 국립중앙도서관, 2008.

李海應,《薊山紀程》,《국역 연행록선집》8, 민족문화추진회, 1976.

朴趾源,《열하일기》, 김혈조 옮김, 돌베개, 2009.

朴思浩,《心田稿》,《국역 연행록선집》9, 민족문화추진회, 1977.

朴齊寅,《燕行日記》,《연행록전집》86, 동국대학교출판부, 2001.

徐慶淳,《夢經堂日史》,《국역 연행록선집》11, 민족문화추진회, 1982.

元在明,《국역 지정연기》, 서한석·신로사 역, 세종대왕기념사업회, 2017.

尹程,《西行錄》,《연행록속집》137, 상서원, 2008.

李承五,《燕槎日記》,《연행록전집》86, 동국대학교출판부, 2001.

李恒億,《국역 연행일기》, 이동환 역, 국립중앙도서관, 2008.

趙文命,《燕行日記》(《鶴巖集》册6),《한국문집총간》192, 민족문화추진회, 1997.

韓弼教,《국역 수사록》, 조창록·이규필 옮김, 세종대왕기념사업회, 2017.

許篈,《朝天記》,《연행록전집》85~86, 동국대학교출판부, 2001.

홍대용,《(홍대용의 북경 여행기 〈을병연행록〉) 산해관 잠긴 문을 한 손으로 밀치도다》, 김태
준·박성순 옮김, 돌베개, 2001.

제1부 유람하다

북경의 첫인상

원정식, 〈건·가연간乾·嘉年間 북경의 석탄 수급 문제와 그 대책〉,《동양사학연구》32, 1990.

孫成旭, 〈明淸朝鮮使者眼中的"皇都"形象〉,《北京社會科學》, 2017-2.

거자오광,《이역을 상상하다(조선 연행사절단의 연행록을 중심으로)》, 이연승 옮김, 그물,
2019.

청나라 사행의 필독서

임형택, 〈17~19세기 동아시아 상황과 연행, 연행록〉,《한국실학연구》20, 2010.

김현미,《18세기 연행록의 전개와 특성》, 혜안, 2007.

사라진 코끼리, 사라진 청나라

이흥식, 〈조선 사신이 체험한 북경의 이문화, 코끼리[象]-대청 사행을 중심으로〉,《한국언어문
화》59, 2016.

마크 엘빈,《코끼리의 후퇴(3000년에 걸친 장대한 중국 환경사)》, 정철웅 옮김, 사계절, 2011.

원명원, 청나라 성쇠의 극치

이창숙, 〈연행록에 실린 중국 연희와 그에 대한 조선인의 인식〉,《한국실학연구》 20, 2010.

孫成旭, 〈"盛極又衰"的圓明園—以朝鮮使臣的圓明園經驗爲中心〉,《淸史硏究》, 2015-1.

구범진, 〈1780년대 청조의 조선 사신에 대한 접대의 변화〉,《명청사연구》 48, 2018.

왕룽주,《잃어버린 낙원, 원명원》, 김승룡·이정선 옮김, 한숲, 2015.

사찰을 유람하다 오르는 법장사 백탑

임영길, 〈18~19세기 조선 문인들의 北京 인식과 기록 양상-탐방 공간의 확장과 관련하여〉,
    《동양한문학연구》 54, 2019.

북경 공중목욕탕에 몸을 담근 조선 선비

張明義·王立行·段柄仁 주편,《北京志: 商業卷 飮食服務志》, 北京出版社, 2008.

큰 코 오랑캐가 사는 아라사관

박태근, 〈중국에서 만난 조선문명과 제삼문명: 러시아문명〉,《국제한국학연구》 창간호, 2003.

이평수·김택경, 〈존 톰슨의 여행을 통해 본 근대 중국의 인물〉,《중국근현대사연구》 82, 2019.

蔡鴻生,《俄羅斯館紀事》, 中華書局, 2006.

"이 무슨 술수인고!" 러시아인이 찍어 준 사진

박주석, 〈사진과의 첫 만남-1863년 연행사 이의익 일행의 사진 발굴〉,《AURA(한국사진학회지)》
    18, 2008.

정은주, 〈연행 사절의 서양화 인식과 사진술 유입-북경 천주당을 중심으로〉,《명청사연구》 30, 2008.

사진, 위험한 만남의 흔적

손성욱, 〈변화된 '황도'에서 서양과 조선의 접촉-1860~70년대 조선 부경사신단의 사진을 중
    심으로〉,《동양사학연구》 148, 2019.

제2부 교유하다

우정을 전하는 선물

이현주, 〈연행 사절 하례下隷에 대하여-박제인의《연행일기부록燕行日記附錄》을 중심으로〉,《한문학보》30, 2014.

漆永祥, 〈朝鮮燕行使筆下的"神丹"淸心丸〉,《漢語敎學與硏究》第9輯, 2008.

조선 사신 숙소 옆에 인삼국

정후수, 〈북경 인삼국 공간 활용-19세기 한중 인사의 교류를 중심으로〉,《우리어문연구》38, 2010.

임영길, 〈19세기 한중 문인 만남의 공간〉,《문헌과 해석》84, 2019.

전수경, 〈韓弼敎의《隨槎錄》硏究〉, 성균관대학교 석사학위논문, 2010.

부유한 금석학자와 교유하다

張宏傑, 〈以曾國藩爲視角觀察淸代京官的經濟生活〉,《中國經濟史硏究》, 2011-4.

손성욱, 〈19세기 조·청 문인 교류의 전개 양상-북경 내 학풍과 교류 네트워크의 변화를 중심으로〉,《역사학보》216, 2012.

북경에서 꿈을 펼친 역관 이상적

정후수, 〈1863년 변무 해결 과정으로 본 이상적의 눈물〉,《동양고전연구》52, 2013.

이춘희,《한·중 문학교류(19세기)》, 새문사, 2009.

조민우, 〈燕行錄의 死角: 의도된 省略과 縮小-이상적의 연행기록과 해당 연행록 비교를 중심으로〉,《동방학지》182, 2018.

고염무 사당에서 제사를 올린 박규수

손성욱, 〈19세기 조·청 문인 교류의 전개 양상-북경 내 학풍과 교류 네트워크의 변화를 중심으로〉,《역사학보》216, 2012.

魏泉,《士林交遊與風氣變遷: 19世紀宣南的文人群體硏究》, 北京, 北京大學出版社, 2008.

김명호,《환재 박규수 연구》, 창비, 2008.

사행으로 오경석 컬렉션을 만들다

이문호, 〈吳慶錫의 韓中 交流 硏究-《中士簡牘帖》을 中心으로〉, 한성대 박사학위논문, 2014.

김현권, 〈오경석과 청淸 문사의 회화 교류 및 그 성격〉,《강좌미술사》37, 2011.

오경석 사진에 담긴 기묘한 희망

손성욱, 〈변화된 '황도'에서 서양과 조선의 접촉-1860~70년대 조선 부경사신단의 사진을 중심으로〉,《동양사학연구》148, 2019.

신용하, 〈오경석의 개화사상과 개화활동〉,《역사학보》107, 1985.

김종학,《개화당의 기원과 비밀외교》, 일조각, 2017.

제3부 교섭하다

청나라가 유일하게 거절한 책봉

李善洪, 〈조선 후기 이윤 경종의 세자 책봉 주청 문제에 관한 일고찰〉,《한중관계연구》, 제2권 제2호, 2016.

손성욱, 〈王世子 冊封으로 본 淸·朝 관계(강희 35년~건륭 2년)〉,《동양사학연구》146, 2019.

왕의 동생, 국본國本이 가당한가

김문식, 〈英祖의 國王冊封에 나타나는 韓中 관계〉,《한국실학연구》23, 2012.

金一煥, 〈李健命의 주청 사행 과 한포재사행일기〉,《동아시아 문화연구》58, 2014.

손성욱, 〈王世子 冊封으로 본 淸·朝 관계(강희 35년~건륭 2년)〉,《동양사학연구》146, 2019.

전례에 어긋난 왕세자 책봉

연갑수, 〈영조대 對淸使行의 운영과 對淸關係에 대한 인식〉,《한국문화》51, 2010.

張存武, 〈朝鮮對淸外交機密費之研究〉,《中央研究院近代史研究所集刊》5, 1976.

손성욱, 〈王世子 冊封으로 본 淸·朝 관계(강희 35년~건륭 2년)〉,《동양사학연구》146, 2019.

조선 사신단의 북경 숙소

松浦章, 〈明清時代北京の会同館〉,《神田信夫先生古稀記念論集 : 清朝と東アジア》, 山川出版社, 1992.

祁慶富·金成南, 〈清代北京的朝鮮使館〉,《清史研究》, 2004-3.

강동엽, 〈연행사와 회동관〉,《비교문학》41, 2007.

손성욱, 〈청대 조선사관으로 본 청·조관계 - 회동관에서 주청공사관으로〉, 《동국사학》 60, 2016.

신하 된 자가 '외교'를 할 수 있는가

김창수, 〈19세기 후반 대외위기와 조선 사신의 교섭 양상〉, 《한국사학보》 65, 2016.
손성욱, 〈'외교'의 균열과 모색: 1860~70년대 청·조관계〉, 《역사학보》 240, 2018.

조선 최초의 외교공관

權赫秀, 〈'양절체제兩截體制'와 19세기 말 조선왕조의 대중국외교 - 초대 천진주차독리통상사무
　　남정철의 활동을 중심으로〉, 《한국민족운동사연구》 51, 2007.
韓哲昊, 〈한국 근대 주진대원의 파견과 운영(1883~1894)〉, 《동학연구》 23, 2007.
孫成旭, 〈1884至1895年朝鮮駐津公館考論〉, 《歷史教學(下半月刊)》, 2014-11.

전쟁통에 떠난 사행, 마지막이 되다

임준철, 〈대청사행의 종결과 마지막 연행록〉, 《민족문화연구》 49, 2008.
孫成旭, 〈清代朝鮮最後赴京使團考〉, 《歷史檔案》, 2014-4.

제4부 사행 이후

옛 황제의 수도에 세워진 공사관

서영희, 〈한청통상조약이후 韓中 외교의 실제와 상호 인식〉, 《동북아역사논총》 13, 2006.
孫成旭, 〈清末大韓帝國駐清公使館考論〉, 《北京社會科學》, 2015-4.

북평잡감

주요섭, 〈다시 햇볕 본 新東亞〉, 《동아일보》 1964년 8월 22일.
조성환 엮음, 《북경과의 대화: 한국 근대 지식인의 북경체험》, 학고방, 2008.
이가성, 〈주요섭 문학연구-외국체류 경험의 문학적 형상화를 중심으로〉, 서강대학교 석사학위
　　논문, 2018.

주석

1) 권시형權時亨, 《석단연기石湍燕記》 권1, 12월 1일, 《연행록전집》 90, 동국대학교출판부, 2001, 374쪽; 《석단연기》 권2, 12월 23일, 《연행록전집》 91, 28쪽.

2) 이의현李宜顯, 《경자연행잡지庚子燕行雜識》 下, 이민수 역, 《국역 연행록선집》 5, 민족문화추진회, 1982, 85쪽.

3) 박세당朴世堂, 《서계집西溪集》 권7, 〈연경燕京으로 가는 최 참판崔參判[석정錫鼎]을 전송하는 서〉, 공근식·최병준 역, 《국역 서계집》 2, 민족문화추진회, 2006, 52~53쪽.

4) 이의현李宜顯, 《도곡집道谷集》 권3, 〈기행의 술회를 삼연의 시에 차운하다〉, 성백효 옮김, 《도곡집》 2, 학자원, 2014, 269쪽.

5) 강선姜銑, 《국역 연행록》, 이종묵 옮김, 국립중앙도서관, 2009, 48쪽.

6) 김경선金景善, 《연원직지燕轅直指》 권1, 〈연원직지 서燕轅直指序〉, 김주희 역, 《국역 연행록선집》 10, 민족문화추진회, 1982, 25쪽.

7) 윤정尹程, 《서행록西行錄·병서幷序》, 규장각 소장. 慈教曰: "餘多見燕行日記矣. 士之遊觀者, 不可無記事, 錄見等文字, 汝於今行詳記聞見來俾餘一覽焉."

8) 김경선金景善, 《연원직지燕轅直指》 권1, 〈연원직지 서序〉, 김주희 역, 《국역 연행록선집》 10, 민족문화추진회, 1982, 25쪽.

9) 김선신金善臣, 〈서전序前〉, 《국역 관연록》, 박은정·이홍식 역, 세종대왕기념사업회, 2016, 33쪽.

10) 김육金堉, 《조경일록朝京日錄》, 병자년 11월 7일, 《연행록전집》 16, 동국대학교출판부, 2001, 484쪽.

11) 이승오李承五,《관화지觀華志》권10,〈순상소馴象所〉, 일본 교토대학 가와이문고河合文庫 소장.

12) 震鈞,《天咫偶聞》, 北京古籍出版社, 1982, 45쪽.

13)《숙종실록》권55, 숙종 40년 3월 27일 무진.

14)《승정원일기》, 영조 2년 7월 24일 갑인.

15) 홍대용洪大容,《(홍대용의 북경 여행기〈을병연행록〉) 산해관 잠긴 문을 한 손으로 밀치도다》, 김태준·박성순 옮김, 돌베개, 2001, 291쪽.

16) 김창업金昌業,《연행일기燕行日記》권4, 1월 25일, 이장우 역,《국역 연행록선집》4, 민족문화추진회, 1982, 290쪽.

17) 이창숙,〈연행록에 실린 중국 연희와 그에 대한 조선인의 인식〉,《한국실학연구》20, 2010, 150쪽.

18) 김직연金直淵,《연사일록燕槎日錄》, 신익철 역, 의왕향토사료관, 2011, 168쪽.

19) 박지원朴趾源,《열하일기》3, 김혈조 옮김, 돌베개, 2009, 346쪽.

20) 박지원朴趾源,《열하일기》3, 김혈조 옮김, 돌베개, 2009, 347쪽.

21) 이항억李恒億,《국역 연행일기》, 이동환 역, 국립중앙도서관, 2008, 47쪽. 이항억은 법장사를 영탑사라고 하면서, "화대문花大門을 통해 10여 리를 가서 영탑사에 당도했다"고 기록했다. 청대 북경에는 영탑사라는 절은 없었다. 7층 석탑이라는 점, 탑 위에 올라 성 전체를 보았다는 점, 탑 안에 제명이 있었다는 점에서 그가 오른 탑은 이전의 조선 사신이 올랐던 법장사 백탑과 부합한다. 그리고 그가 말한 화대문花大門은 북경 성문에 존재하지 않았다. 발음을 봤을 때 하덕문哈德門을 잘못 적은 것으로 보인다. 하덕문은 숭문문이며, 법장사는 숭문문 밖에 있었다.

22) 이해응李海應,《계산기정薊山紀程》권3, 1월 6일, 김동주·장순범 역,《국역 연행록선집》8, 민족문화추진회, 1976, 198쪽.

23) 김창업金昌業,《연행일기燕行日記》권5, 2월 1일, 이장우 역,《국역 연행록선집》4, 민족문화추진회, 1976, 324쪽.

24) 박지원朴趾源,《열하일기》3, 김혈조 옮김, 돌베개, 2009, 356쪽.

25) 김경선金景善,《연원직지燕轅直指》권4,〈법장사 백탑 제명기〉, 이정섭 역,《국역 연행록선집》10, 민족문화추진회, 1982, 332〜333쪽.

26) 박지원朴趾源,《열하일기》3, 김혈조 옮김, 돌베개, 2009, 165쪽.

27) 이항억李恒億,《국역 연행일기》, 이동환 역, 국립중앙도서관, 2008, 39쪽.

28) "Coreans", in John Thomson, *I llustrations of China and its people*, vol.4, London: Sampson Low, Marston, Low and Searle, 1874, n. p.

사신을 따라 청나라에 가다

29) 조현명趙顯命,《귀록집歸鹿集》권4,〈次副使贈大鼻樣子利波漢韵〉,《한국문집총간》212, 민족문화추진회, 167쪽.

30) 홍대용洪大容,《(홍대용의 북경 여행기〈을병연행록〉) 산해관 잠긴 문을 한 손으로 밀치도다》김태준·박성순 옮김, 돌베개, 2001, 120쪽.

31) 박사호朴思浩,《심전고心田稿》권2,〈유관잡록留館雜錄〉'악라사관기鄂羅斯館記', 김종오 역,《국역 연행록선집》9, 민족문화추진회, 1982, 182쪽.

32) 김경선金景善,《연원직지燕轅直指》권3,〈악라사관기鄂羅斯館記〉, 이이화 역,《국역 연행록선집》3, 민족문화추진회, 1982, 304쪽.

33) 김경선金景善,《연원직지燕轅直指》권3,〈악라사관기鄂羅斯館記〉, 이이화 역,《국역 연행록선집》3, 민족문화추진회, 1982, 303쪽.

34) Elena Nesterova, The Russian Painter Anton Legašov in China. From the History of the Russian Ecclesiastical Mission in Peking, Monumenta Serica 48, 2000, pp.369~372.

35) 이항억李恒億,《국역 연행일기》, 이동환 역, 국립중앙도서관, 2008, 265쪽.

36) Terry Bennett, History of photography in China : Western photographers, 1861-1879, London : Quaritch, 2010, pp.31-35.

37)《일성록》,고종 원년 5월 23일 임술.

38) "Coreans", in John Thomson, Illustrations of China and its people, vol.4, London: Sampson Low, Marston, Low and Searle, 1874, n. p.

39) 박지원朴趾源,《열하일기》3, 김혈조 옮김, 돌베개, 2009, 381쪽.

40) 한필교韓弼敎,《국역 수사록》2, 조창록·이규필 옮김, 세종대왕기념사업회, 2017, 151~192쪽.

41) 吳慶錫,《中士簡牘帖》〈鎭齋〉'何秋濤의 서신'. "亦梅先生閣下, 自戊午孟陬, 於都疏璃廠相晤, 傾蓋如故護若平生, 以拙詩爲贈, 蒙賜墨梅, 中心臧之, 何日忘之?"

42)《조선대세시기 III (경도잡지·열양세시기·동국세시기)》, 국립민속박물관, 2007, 153쪽.

43) 이조원李肇源,《옥호초玉壺草》권3〈청심환가淸心丸歌〉. 이현주,〈연행 사절 하례下隸에 대하여-박제인의《연행일기부록燕行日記附錄》을 중심으로〉,《한문학보》30, 2014, 384쪽에서 재인용.

44) 박제인朴齊寅,《연행일기부록燕行日記》권3 부록). 이현주,〈연행 사절 하례下隸에 대하여-박제인의《연행일기부록燕行日記附錄》을 중심으로〉, 382쪽에서 재인용.

45) 원재명元在明,《국역 지정연기》, 서한석·신로사 옮김, 세종대왕기념사업회, 2017, 75쪽.

46) 이영득李永得,《연행록燕行錄》권7,《연행록전집》81, 동국대학교출판부, 2001, 87쪽.

47) 서경순徐慶淳,《몽경당일사夢經堂日史》, 11월 29일,《국역 연행록선집》11, 민족문화추진회, 1982, 353쪽.

48) 서경순徐慶淳,《몽경당일사夢經堂日史》12월 7일, 권태익 역,《국역 연행록선집》11, 민족문화
추진회, 1982, 366쪽.

49) 서경순徐慶淳,《몽경당일사夢經堂日史》12월 7일, 권태익 역,《국역 연행록선집》11, 민족문화
추진회, 1982, 366쪽.

50) 후지츠카 치카시,《秋史 金正喜 硏究 : 淸朝文化 東傳의 硏究(한글완역본)》, 윤철규·이충구·
김규선 옮김, 과천문화원, 2012, 686쪽.

51) 정후수 편,《해린척소海鄰尺素》, 혜민원, 2011, 207쪽.

52) 《승정원일기》, 고종 9년 7월 2일 갑신.

53) 박규수朴珪壽,《환재집瓛齋集》권8,〈온경에게 보내는 편지 38(又)〉, 김채식 옮김,《환재집》3,
성균관대학교출판부, 2017, 261~262쪽.

54) 李慈銘,《월만당일기越縵堂日記》13, 廣陵書社, 2004, 9736쪽.

55) 김정희金正喜,《완당전집》권4,〈서독書牘 오 생 경석에게 주다(與吳生[慶錫])〉,《(국역) 완당전집》
2, 민족문화추진회, 1988, 100쪽.

56) 이상적,〈題三韓金石錄後〉, 오경석,《삼한금석록三韓金石錄》, 국립중앙도서관 소장. "蓋亦梅麇
游日下, 所交多東南博雅之士, 商確藝文, 發皇心目, 而力購海內金石著錄之書, 家藏甚富, 於
是慨然有志於東邦舊蹟."

57) 韓應弼 編,《어양수록禦洋隨錄》〈上副使在北京時筆談〉, 규장각 소장.

58) 황현,《매천야록》, 허경진 옮김, 서해문집, 2006, 289쪽.

59) 주요섭,〈다시 햇볕 본 신동아〉,《동아일보》1964. 8. 22.

60) 조성환 엮음,《북경과의 대화: 한국 근대 지식인의 북경체험》, 학고방, 2008, 55쪽.

찾아보기

사신을 따라 청나라에 가다

사신을 따라 청나라에 가다
—조선인들의 북경 체험

2020년 12월 19일 1판 1쇄 인쇄
2020년 12월 22일 1판 1쇄 발행

지은이   손성욱
펴낸이   박혜숙
디자인   이보용
펴낸곳   도서출판 푸른역사
　　　　　우) 03044 서울시 종로구 자하문로8길 13
　　　　　전화: 02)720-8921(편집부) 02)720-8920(영업부)
　　　　　팩스: 02)720-9887
　　　　　전자우편: 2013history@naver.com
　　　　　등록: 1997년 2월 14일 제13-483호

ISBN   979-11-5612-180-0   03900